PIÈCES ET DOCUMENS

RELATIFS AU PROCÈS

DE MONSIEUR

MADIER DE MONTJAU.

Il ne nous est plus permis de nous taire, quelque affligeant que soit ce scandale : disons-le cependant ; le scandale est dans le crime ; il ne peut pas être dans le cri du sang injustement répandu.

(*Discours de M. de Serre, du* 23 *mars* 1819.)

. . . . *Cum tanta præsertim gladiorum sit impunitas.*

(Cic., *Phil. prima.*)

PIÈCES ET DOCUMENS

RELATIFS AU PROCÈS

DE MONSIEUR

MADIER DE MONTJAU,

CONTENANT

SA CORRESPONDANCE

AVEC

LEURS EXCELLENCES MESSIEURS

DE SERRE ET SIMÉON;

Ses Rapports sur les Assises du Gard et de Vaucluse; des Réflexions sur deux Discours de MM. DE SERRE et SIMÉON; des extraits de l'Interrogatoire subi le 9 juin par M. Madier; de nouvelles Preuves de l'Impartialité de la Censure à son égard, etc.

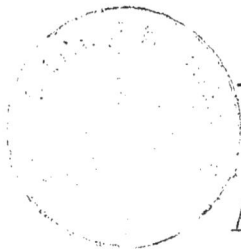

A PARIS,

CHEZ DALIBON, LIBRAIRE,

PALAIS-ROYAL, GALERIE DE BOIS, N° 218.

NOVEMBRE 1820.

Nota. D'autres Pièces et Éclaircissemens seront publiés avec la Défense de M. Madier.

AVERTISSEMENT.

J'avais annoncé il y a six mois la publication des Rapports que je fais imprimer aujourd'hui. L'honorable confiance qui fut généralement accordée aux révélations contenues dans ma première pétition, la manière dont l'opinion se prononça firent penser à mes amis que je n'avais pas besoin de faire connaître mes Rapports pour prouver que j'avais déjà fait entendre au ministère le langage de la vérité, et qu'il avait payé ma confiance d'un silence absolu.

Quoique le ministère ait été embarrassé de ces Rapports, et n'ait pas cru pouvoir y répondre, il n'a cessé pendant long-temps de faire l'éloge de la franchise et de la justesse de ces observations, où je signale et démontre l'influence du *gouvernement occulte* dans la distribution de la justice criminelle. Pendant cinq trimestres consécutifs, en 1819 et 1820, j'ai été désigné directement et *proprio motu* par le garde-des-sceaux pour la présidence des assises. Trois présidences m'ont été confiées par Son Excellence *depuis la réception de mes Rapports.*

Tout à coup le ministère, qui avait ainsi honoré, encouragé et récompensé mon zèle, a voulu m'en punir. Il m'oblige

par là à publier mes Rapports : la persé-
cution que j'essuie détermine cette dé-
marche.

Ces Rapports m'appartiennent toujours
pour ma défense : ils m'appartiennnent
aussi pour apprendre à mes concitoyens
quel a été et quel sera peut-être encore
l'état de la justice criminelle, pour les
mettre en position de juger si en 1820 le
gouvernement a, pour faire punir les
criminels, plus de puissance qu'il n'en
avait en 1819, lorsque M. le garde-des-
sceaux avouait, proclamait le 23 mars
qu'à aucune époque le ministère n'avait
pu depuis 1815 contrebalancer l'influence
d'une faction ; que cette faction (véritable
gouvernement occulte) avait maîtrisé la

plupart des cours d'assises *par ses ramifications, sa puissance, son audace;* que
partout *elle avait disputé et arraché ses
sicaires au glaive de la loi ;* que partout
elle avait triomphé du gouvernement.

Enfin ces Rapports m'appartiennent
pour faire bien connaître le magistrat
contre lequel le ministère sollicite maintenant les censures.

Je publie mon interrogatoire, subi le
29 juin 1820, pour montrer la fidélité
qu'on a mise à en rendre compte dans les
journaux.

Je publie des fragmens de mes discours
devant les jurys du Gard et de Vaucluse,
pour faire voir que mon zèle pour la justice a été exempt d'emportemens, et que,

si je me suis montré ferme contre les assassins et *leurs puissans protecteurs*, une trop juste indignation ne m'a point fait oublier les convenances : ces discours prouveront aussi, je l'espère, que mon dévouement respectueux pour le Roi et son auguste maison n'est pas moins profond que mon attachement aux institutions que nous devons à sa haute sagesse, et que j'ai toujours été animé pour le Roi et pour la patrie des sentimens d'amour et de fidélité dont mon père m'a donné l'exemple.

Je dirai devant la cour de cassation tout ce qui explique et justifie ma lettre à M. le comte Portalis; je dirai devant la cour de cassation tout ce qui est relatif à ma

conduite avant mes pétitions : j'espère
aussi persuader à la cour de cassation que
je n'ai manqué à aucun devoir dans ce qui
est relatif aux circulaires 34 et 35, ouvrage d'une poignée d'ambitieux, sans patrie, sans royalisme et sans honneur, qui
aspirent à imposer leur domination à la
France et à son Roi.

Je doute que les ministres s'offensent
de la publication de mes Rapports; je
doute qu'ils m'accusent encore de *revenir
sur le passé sans profit pour le présent.*
Aux plaintes qu'un manque de réflexion
ou de mémoire pourrait seul me faire
adresser je répondrais qu'il est plus ur-
gent que jamais de poursuivre par d'utiles
révélations la faction à laquelle M. de

Serre reprochait le 23 mars, avec une éloquence si foudroyante, l'acquittement de Trestaillons et des assassins des généraux Ramel et Lagarde; je répondrais que ce mémorable discours, applaudi par la France entière, ne fut ni désavoué, ni blâmé, ni contredit par aucun des ministres actuels, qui s'associèrent ainsi à la gloire de leur collègue, et qu'il serait par trop injuste et déraisonnable de me faire un crime de publier des faits qui ne sont que l'appendice et la confirmation de ceux dont M. de Serre a fait retentir la tribune.

Hoc non concedo ut quibus rebus gloriemini in vobis , easdem in aliis reprehendatis.

Cɪc. *Orat. pro Ligario.*

Nota. Des motifs qui seront aisément appréciés m'ont

obligé à retrancher des passages considérables de mes Rapports ; j'ai dû les supprimer, quoiqu'ils fussent de nature à
obtenir l'intérêt public. J'indique par des lignes ponctuées ces
passages retranchés : j'ai dû aussi laisser en blanc le nom des
personnes que je pouvais exposer à des dangers en les nom-
mant.

RAPPORT

ADRESSÉ LE 8 AVRIL 1819

A SON EXCELLENCE MONSEIGNEUR

LE GARDE-DES-SCEAUX,

PAR MADIER DE MONTJAU,

Conseiller à la Cour royale de Nîmes, Président des Assises du Gard pendant le premier trimestre de 1819; sur les affaires jugées dans cette Session, et notamment sur quelques habitans d'Alais prévenus de rebellion, et acquittés.

MONSEIGNEUR,

J'AI l'honneur d'adresser à votre Excellence mon rapport sur les assises que je viens de présider dans le Gard.

2

Les observations que je crois pouvoir soumettre à votre Excellence porteront :

1° Sur l'état des prisons ;

2° Sur la police des audiences ;

3° Sur la composition du jury de cette session ;

4° Sur les affaires qui y ont été jugées, et notamment sur les prévenus d'Alais.

§ Ier.

Prisons.

Nota. Ici se trouvaient diverses observations sur le local, les moyens d'amélioration et le régime des prisons, et qu'il est inutile de rappeler ici.

§ II.

Police des Audiences.

Il m'a été aisé de maintenir le calme dans les audiences : tout est devenu facile à Nîmes depuis la suppression de la garde nationale. Le temps n'est plus (et l'on peut, si on le veut bien, l'empêcher de revenir) où une populace insolente et furieuse couvrait d'applaudissemens ou de huées les témoins , les accusés et les juges ; où les dépositions qui flattaient les passions de cette populace étaient accueillies au cri de vive le Roi , sans que cette profanation reçût le moindre châtiment.

Il m'est doux d'assurer à votre Excellence que la tranquillité n'a pas été un moment troublée. On tomberait donc en erreur si d'anciens souvenirs amenaient à penser que l'attitude du peuple a été plus ou moins menaçante , et a pu influer sur la décision du jury dans l'affaire dAlais.

§ III.

Composition du jury de cette session.

Le jury de cette session était en général bien composé , et j'avais conçu l'espérance d'obtenir des décisions à la fois impartiales et vigoureuses.

. . . .

L'acquittement des prévenus d'Alais détruisit des illusions trop flatteuses , et je reconnus la terreur toujours subsistante de 1815.

C'est beaucoup pour le département du Gard d'avoir obtenu la suppression de la garde natio-

nale et la destitution d'une douzaine de maires ;
c'est beaucoup . . . . et nos
dernières élections ont bien prouvé que nous
n'étions plus dans cette dépression d'esprit et de
cœur sous laquelle nous avons passé trois ans.
Mais autre chose est de venir confondre *son vote
d'électeur* dans un collége électoral de quinze
cents personnes ; autre chose est d'affronter les
menaces et les *désignations personnelles* dont on
devient sur-le-champ l'objet pour son *vote de
juré* dans toutes les affaires dont l'esprit de parti
vient s'emparer.

Alors reparaissent tous les souvenirs de 1815 ;
alors la vue de Ramont, de Truphémy et de
l'horrible Trois-Taillons suffit pour glacer le
plus ferme courage : mais , quand même la ren-
contre de tous ces monstres ne souillerait pas
les regards, pour abandonner une résolution
généreuse et hardie, il suffit quelquefois de penser que les adjoints, les maires , les juges de paix
de la fatale année sont partout en majorité, et
plus irrités qu'abattus des exemples de sévérité
trop peu nombreux auxquels s'est enfin déterminé le ministère.

De bons choix dans les administrations peuvent
seuls prouver aux départemens que le gouverne-

ment n'est plus séduit par des intrigans, et qu'il sait démêler leur égoïsme à travers les *ardentes*, mais hypocrites protestations de leur zèle. Les citoyens des départemens s'effraient de retrouver toute puissante auprès d'eux cette faction qu'à la tribune nationale les ministres ont signalée tant de fois comme ennemie de l'ordre et du repos : ils supposent que des ministres qui se bornent à appeler l'opinion publique à leur aide, sans comprimer l'audace des hommes qui, depuis vingt ans, ne s'occupent qu'à la pervertir, n'ont pas la force nécessaire pour leur arracher leur désastreuse influence. Cette anomalie permanente entre l'énergie des principes que le gouvernement professe quelquefois et l'excès de patience avec lequel il continue à laisser presque partout l'autorité aux mains qui en ont si cruellement abusé, cette triste contradiction est un sujet de défiance profonde pour les hommes les moins clairvoyans.

Oui, quoi qu'en disent des écrivains furibonds, qui veulent à force de cris détourner le Roi d'employer le seul moyen efficace de sauver le trône et la France, quoi qu'en disent ces écrivains, leurs *honnêtes gens* sont encore partout investis des fonctions publiques.

C'est surtout dans les départemens qu'on doit
juger le gouvernement par les principes et les
actions de ceux à qui il délègue son autorité :
or les hommes de 1815 occupent en tous lieux
les emplois qu'ils conquirent à cette époque par
la délation et par la terreur : ces hommes repré-
sentent le régime de 1815, et, à la moindre lueur
favorable pour eux, leur audace annonce le retour des mêmes excès.

Cette défiance, cette terreur excitée par les
fonctionnaires de 1815 sont le motif unique de
tant de lâches décisions des jurys.

La cause en est là ; elle n'est que là.

Aucune considération n'aurait pu m'empêcher de signaler la source d'un mal qui menace
d'anéantir en France l'ordre social. Je viens
d'exprimer la vérité avec une entière franchise : je
ne pense pas, Monseigneur, que j'aie jamais sujet
de m'en repentir, *du moins sous un ministre tel
que votre Excellence.*

§ IV.

Etat des affaires jugées dans cette session.

Ici se trouvaient des détails sur un assez grand nombre d'affaires, lesquelles ne seront pas rappelées ici, parce qu'aucun intérêt politique ne s'y rattachait.

AFFAIRE D'ALAIS.

Jugée les 13 *et* 14 *février.* — Roumestan, Possis, Philibert, Vezian, Hardy, tous cinq accusés de rebellion envers l'autorité publique, accusés de bris et brûlement de caisses appartenant au gouvernement, de pillages et vols de fusils appartenant au gouvernement, enfin d'insultes graves aux autorités. . . . . Quatre de ces accusés furent acquittés, et si une décision plus sévère en apparence fut rendue contre Hardy, c'est que les jurés avaient été soigneusement avertis que les dispositions de l'art. 100 du Code pénal étant applicables à cet accusé, il ne pouvait être condamné qu'aux frais de la procédure, et à être mis sous la suveillance de la haute police.

On a dit que les accusés avaient été protégés dans l'esprit des jurés, d'abord par la circonstance d'une détention assez longue avant leur jugement, ensuite par le bruit mal fondé, mais habilement répandu par les *royalistes purs*, que les plus coupables dans cette émeute avaient été soustraits à la justice : enfin on a allégué la faiblesse de quelques témoins. Il est trop vrai que plusieurs, et notamment. . . . . adoucirent beaucoup leurs dépositions ; mais, pressés vivement par mes interpellations, ils finirent par confirmer entièrement leurs dépositions écrites, et certes ce ne sont pas les preuves qui ont manqué.

D'un autre côté, il est équitable d'observer que le jury de cette session ne s'est pas montré animé de dispositions qu'on puisse précisément appeler esprit de parti : aussi n'est-ce qu'à la peur qu'il faut attribuer les fautes qu'il a commises. . . . . Ce sont les souvenirs et les terreurs de 1815. Je ne saurais trop répéter cette vérité, et je voudrais, comme le disait un grand orateur, *la faire retentir dans toute la force de son tonnerre :* elle

suffirait pour prouver l'étendue du mal qu'a fait
à la morale publique cette année à jamais désastreuse.

Jugez, Monseigneur, par un fait dont je suis
parfaitement sûr, de la réalité de la cause que
j'indique. M. le comte d'Argout, alors momen-
tanément à Nîmes, me témoigna son étonne-
ment de ce que les accusés d'Alais, en exerçant
leur droit de récusation, avaient laissé dans
le jury MM. .. . .
tous deux connus par une opinion très-opposée
à celle qui avait occasionné la rebellion d'Alais.
J'en fus d'abord surpris autant que M. d'Argout,
et je soupçonnai que des sollicitations et des observations, équivalant à des menaces, devaient
leur avoir été faites. J'appris bientôt que M. . .
. . . . avait manifesté, dès son
arrivée au conseil, son intention inébranlable
d'acquitter les accusés. Quant à M. . . . . . .
dès la sortie de la salle d'audience et dans les
corridors qui conduisent à la salle du conseil,
il criait (afin d'être entendu de tout le monde) :
« *Messieurs*, *il faut les acquitter; acquittons-
les*, *c'est mon avis.* »

Tant était grande la terreur, que l'on conçût
le moindre doute sur son opinion !!

3

Après de pareilles décisions, il faut, non pas s'envelopper la tête dans son manteau, non pas abolir le jury ainsi que le voudraient les misérables qui sont parvenus à ébranler le respect que cette institution mérite, en privant de toute liberté d'esprit les citoyens qui ont rendu ces tristes décisions, mais il ne faut pas perdre un seul moment de vue les moyens de guérir un mal si dangereux et d'en prévenir le retour.

J'ai fait mon devoir pendant cette assise, Monseigueur, et je l'ai fait sans hésitation ; mais ce témoignage qu'à bon droit je me rends, ne suffit point pour adoucir le sentiment de douleur et de confusion qui remplit mon âme en pensant à tout le mal que va produire ce triomphe des méchans, et que c'est sous ma présidence qu'un nouveau jour de deuil est venu affliger la justice.

Daignez agréer,

Monseigneur, etc. etc.

EXTRAITS

*Du Discours d'ouverture des Assises du Gard ,
premier trimestre 1809.*

Nota. Ce discours est connu du Garde-des-Sceaux, et a été
imprimé en grande partie dans les journaux ; on ne pourra
donc me soupçonner de l'avoir composé pour le besoin de
ma position actuelle.

MESSIEURS LES JURÉS,

Vos fonctions sont toujours augustes et importantes ; mais en aucun temps , en aucun
lieu , il ne fut si nécessaire de les voir confier à
des citoyens courageux et éclairés.

De votre fermeté et de votre sagesse dépend le rétablissement de la paix et de la sécurité dans ces contrées où la morale publique a reçu de graves atteintes. Vous allez prouver que le département du Gard s'est enfin pénétré de cet esprit de justice qui se répand du trône de notre Roi : vous allez prouver, si l'occasion vous en est offerte, qu'aucun criminel ne peut éviter un châtiment mérité, et que l'audace de se couvrir d'une égide respectable aggraverait les crimes à vos yeux au lieu de les excuser.

L'influence de vos décisions sera durable et s'étendra au loin. Tout me fait espérer, Messieurs, que cette impression sera honorable pour vous et salutaire pour l'opinion publique, que vous pouvez rassurer et éclairer à la fois.

Cette opinion s'étonne et s'alarme des atteintes qu'on essaie audacieusement de porter au jury : elle flotte incertaine, n'osant examiner si des décisions funestes et malheureusement trop fameuses, sont le résultat inévitable de cette institution, ou si elles sont uniquement l'ouvrage des factieux, qui, non contens de l'impunité de leurs sicaires, obtenue par ces grands scandales, veulent encore s'en faire un moyen de frapper

d'une précoce caducité l'institution qu'ils redoutent le plus.

La plus commune de nos erreurs, et peut-
être la plus pernicieuse, c'est d'attendre le bien
des sources qui ne peuvent le produire, et c'est
un grand pas de fait vers le bonheur de savoir
d'où il peut arriver. Nous le savons, Messieurs,
le bonheur pour notre patrie ne peut dépendre,
après de si longs déchiremens, que de sa confiance absolue en un gouvernement qui a déjà
tant fait pour elle. Il est beau, il est consolant
pour vous d'être certains que vous pouvez, par
votre justice et votre fermeté, inspirer aux
peuples cette confiance et ce respect si nécessaires pour des institutions de l'affermisse-
ment desquelles dépendent le salut et l'honneur
de la France.

. . . .

. . . . Il est pénible de l'avouer ; l'institution du jury a encore besoin de défenseurs
parmi nous. Continuellement elle est attaquée,
et par des adversaires de plus d'une espèce : les
uns calculent avec effroi l'influence qu'exercerait
chaque jour sur la morale et la raison publiques
cette institution, si un nouveau bienfait de notre
Roi la dégageait des entraves qui lui furent im-

posécs par un despotisme ombrageux. Ils voien
dans cette institution le plus ferme rempart d
toutes les libertés qu'ils voudraient nous ravir
ils sentent que l'opinion publique ne pourra ja
mais être complètement égarée tant que ce phar
restera debout : le renverser serait à leurs yeu
la plus importante victoire ; bientôt nous les en
tendrions vanter plus hautement que jamais l
pouvoir absolu ; ils entreprendraient encor
d'offrir le despotisme à notre Roi, dont la sagess
et la loyauté ont déjà repoussé ce funeste pré
sent.

. . . .

. . . . Sans doute , Messieurs, de
souvenirs affreux se rattachent à l'époque où l
jugement par jury fut adopté en France ; mais
combien il serait absurde de le confondre pou
cela avec les conceptions monstrueuses de notre
délire révolutionnaire ! Combien serait coupable
l'indifférence pour des avantages que la Provi-
dence nous a conservés comme une sorte de
compensation après tant de maux !

De même que l'expérience , ce triste et unique
gain de la vie, offre à l'homme quelque dédom-
magement des illusions de ses belles années , de
même des institutions généreuses peuvent seule

consoler et honorer un peuple, après les déchiremens politiques. Pour le bonheur des généra-
tions futures, et pour l'honneur de celle qui a
supporté tant de douloureuses épreuves, ah !
montrons-nous jaloux d'un bien si chèrement
acheté ! Après avoir vainement poursuivi de nobles espérances et les avoir vues si horriblement
déçues, nous avons vu du moins naître et s'af-
fermir en France quelques idées salutaires qui,
seules, nous ont sauvé de la barbarie où nous
étions précipités par nos fureurs. Honneur donc
à ces institutions qui, après tant de crimes,
nous ont fait retrouver notre caractère national,
et en ont accru l'énergie et la bonté !

. . . .
. . . . Vous êtes bien plus propres que
les magistrats à rendre la justice criminelle. En
effet, nous qu'un pénible devoir place continuellement en présence du crime, nous sommes
trop disposés à nous souvenir de cette foule de
criminels que nous avons vu convaincre : mais
vous, qui n'attachez pas habituellement vos yeux
sur ce hideux tableau de la perversité humaine,
vous conservez mieux une impartialité complète,
et cette bienveillance protectrice qui n'exclut pas
la fermeté.

Telle est, Messieurs, il m'est doux de le proclamer, telle est, sur l'inappréciable utilité du jury, l'opinion des magistrats qui composent cette cour : tels sont aussi, je n'en doute pas, les principes de la plupart des magistrats du royaume. Ah! pourrait-il en exister d'assez rebelles à l'expérience pour regarder les fonctions dont vous êtes investis comme une usurpation de leurs droits, et pour regretter l'ancienne justice criminelle avec ses mystères effrayans, source de tant d'erreurs à jamais déplorables!

Répétez donc sans cesse avec les magistrats qui vous en donnent l'exemple, que cette institution, la plus belle dont puissent s'honorer les hommes, est en même temps le plus ferme appui de toutes celles que nous devons à la sagesse de notre auguste monarque.

. . . .

Lorsque ces principes auront beaucoup d'apôtres tels que vous, les magistrats seront certains de trouver plus fréquemment dans les jurés cet assemblage de sentimens et de lumières que j'ai le bonheur de rencontrer en vous, et qui me font concevoir les plus hautes espérances pour les résultats de la session que nous allons ouvrir.

LETTRE

A Son Excellence le Garde-des-Sceaux ,
sur les Assises de Vaucluse.

Orange , le 27 mars 1819.

Monseigneur ,

Il me serait difficile d'exprimer la tristesse et
la confusion que j'éprouve en annonçant à Votre
Excellence l'acquittement de François Griffon ,
l'un des Trestaillons de Vaucluse. *Les intrigues ,*

4

la bassesse, l'impudence que ses puissans pro-
tecteurs ont tour à tour employées pour assurer
son impunité, m'étonnent et m'effraient en
1819.

Une obstination si invincible peut leur assurer
le pouvoir qu'ils ambitionnent. Jusqu'à ce jour
j'avais cru que la morale et la capacité pou-
vaient seules obtenir un triomphe et une in-
fluence durables ; mais des passions furieuses
seront encore plus certaines d'arracher ce ré-
sultat tant que le Gouvernement respectera
dans les personnes qui s'abandonnent à ces
excès un rang dont elles se font une égide contre
la justice, et un moyen de déception pour en-
traîner les faibles.

Quelques bons citoyens, vrais amis du Roi,
et par conséquent de l'équité, ont exhalé hautement leur indignation. Les témoins épouvantés
sont venus me reprocher avec véhémence les
encouragemens et les promesses publiques de
protection au moyen desquels je les avais dé-
cidés à dire la vérité avec une fermeté qui va,
disent-ils, leur devenir funeste. Afin de me
soustraire à ce concours de plaintes, je suis
venu chercher ici le repos, dont j'ai un besoin
extrême au moral comme au physique.

Pardonnez-moi donc, Monseigneur, si je diffère l'envoi de mon Rapport.

Daignez agréer, etc., etc.

Nota. En réponse à la lettre précédente je reçus, *courrier par courrier*, l'invitation pressante de donner des détails sur l'acquittement de François Griffon.

J'adressai en conséquence le 10 avril le rapport suivant, qui resta sans réponse, et dont on ne m'accusa réception qu'indirectement par l'intermédiaire de M. le Président Thourel.

RAPPORT (1)

Adressé le 10 avril 1819 sur les Assises du premier trimestre 1819 (département de Vaucluse).

MONSEIGNEUR,

PEU d'heures après le scandaleux acquittement de François Griffon, je fis connaître à Votre Excellence ce triste événement en annonçant un Rapport plus détaillé. Malade, depuis cette

(1) Envoyé avec deux pièces justificatives cotées nos 1 et 2.

époque, de fatigue, de chagrin et de découra-
gement, j'avais presque renoncé à ce Rapport,
lorsque le discours prononcé par Votre Excellence le 23 mars (1), est venu me relever de

---

(1) Je me tairai sur l'ensemble de ce discours, je me
tairai sur les argumens irrésistibles qui y étaient si éloquem-
ment développés en faveur de la loi des élections du 5 février 1817; je me bornerai à citer ce qui a un rapport direct
avec l'étrange position où je me trouve. Voici la fin de ce
mémorable discours :

Extrait du Moniteur *du* 25 *mars* 1819.

« On reproche aux ministres du Roi d'être indifférens
aux pressans dangers de la monarchie. Non, Messieurs;
mais c'est ailleurs que les ministres ont vu le danger; ils
ont vu le danger de céder à l'attaque d'un parti; le danger
de saisir une occasion imprudemment offerte; le danger de
porter une main téméraire sur une loi (la loi des élections
du 5 février) à laquelle la nation s'est fortement attachée
comme au rempart le plus sûr de ses libertés et de ses droits;
les ministres ont vu le danger d'altérer, de détruire peut-
être cette confiance entre le Monarque et ses peuples, première force de tous les Gouvernemens, besoin le plus im-
périeux d'une monarchie nouvellement restaurée.
» Pourquoi, Messieurs, me faut-il repousser encore un
reproche odieux! On a essayé de rejeter sur le ministère

l'abattement où j'étais tombé. Ce n'est point sous un pareil chef qu'on peut hésiter à remplir un devoir pénible; je dirai donc à Votre Excellence toute la vérité; je ne dirai comme vous que des

---

l'imprévoyance ou l'impunité. *Il ne nous est plus permis de nous taire , quelque affligeant que soit ce scandale. Disons-le, cependant , le scandale est dans le crime, il ne peut jamais être dans le cri du sang injustement répandu*, et cette tribune qui éclate contre l'abus, contre l'erreur, ne doit pas rester muette en présence de si grands attentats. Si les honorables membres avaient réfléchi sur l'état des partis, sur *leurs ramifications, sur leur puissance, sur leur audace,* ils auraient compris que leur esprit peut *vicier* ou *paralyser* les plus nobles organes du corps social. Pour vous, Messieurs, sachez qu'en quelques mains que le Roi ait daigné déposer le soin de sa justice , tout a été fait pour atteindre les auteurs du crime ; mais sachez aussi le résultat des efforts du gouvernement du Roi, et appréciez les reproches qui lui sont adressés. Votre mission, votre devoir sont de préserver votre pays du fléau des partis ; apprenez à les connaître : je citerai peu de faits, mais marquans, mais notoires, je les citerai sans réflexion.

» Le général commandant à Nîmes au milieu d'une sédition, protégeait de sa personne et de son épée l'ordre public et les citoyens. Il est frappé d'un coup de feu dans la poitrine, tiré à bout portant. L'auteur du crime est saisi: le fait est constant, *il est avoué.* Le juge pose cette question : l'homicide a-t-il été commis dans le cas d'une légitime

faits notoires; comme vous aussi je ne les accompagnerai pas de toutes les affligeantes réflexions qui se pressent dans mon cœur.

Enfin Votre Excellence a traduit au tribunal

---

défense? Le jury répond affirmativement, et l'accusé est acquitté.

» Un autre général commandant à Toulouse veut appaiser une émeute, et reçoit une dangereuse blessure. Il est porté dans son domicile. Ses assassins y pénètrent, et le déchirent tout vivant de mille coups. Ils sont mis en jugement; on allègue en leur faveur qu'ils n'ont pu donner la mort à un homme déjà blessé à mort, et deux d'entr'eux sont condamnés seulement à la reclusion.

» *Un homme dont l'horrible surnom coûte à prononcer*, Trestaillons, et ses co-prévenus sont poursuivis comme auteurs de plusieurs assassinats. Ils sont traduits à Riom, où l'on espérait une justice plus indépendante. Il a été impossible d'obtenir la déposition d'un seul témoin contr'eux. La terreur les avait glacés. Quant aux témoins à décharge, il s'en présentait sans nombre. Faute de preuve ces prévenus ont été rendus à la liberté.

» Voici un dernier fait, mais plus récent. L'esprit de parti s'est agité avec violence, nous l'avons vu disputer au glaive de la loi les accusés de l'assassinat de Fualdès.

» *Je finis, Messieurs, et pose dans son expression la plus simple la question que vous allez décider. La France sera-t-elle livrée ou non à la domination d'un parti? Non : la*

de l'opinion publique les vrais, les seuls auteurs de ces arrêts qui ont si souvent renvoyé triomphans les sicaires de 1815. L'Europe vous a entendu, Monseigneur, à la tribune nationale;

France repousse cette domination; elle n'en attend qu'oppression, que honte, que calamités. »

La faction signalée avec tant de véhémence par M. de Serre, dans son discours du 23 mars, n'est-elle pas la même que celle dont j'ai dénoncé les complots et dans mes rapports et dans mes pétitions?.... Cette faction est-elle moins redoutable en 1820 qu'en 1819?.. *Ses ramifications, sa puissance, son audace* sont-elles accrues ou diminuées depuis que les ministres ont cessé de voir le danger où ils le voyaient il n'y a qu'un an?..

Les sicaires de 1815 sont-ils devenus en 1820 tellement humbles et repentans, qu'on soit capable de dureté de cœur en n'oubliant point leurs égaremens, ainsi que le conseille M. Siméon dans son discours du 25 avril, au sujet de ma première pétition?..

Les expiations ont-elles si complètement satisfait le passé et rassuré l'avenir, que le cri du sang injustement répandu soit devenu un scandale? Enfin, suis-je un magistrat intègre, animé d'une honorable et salutaire indignation, ou suis-je un factieux qui a réveillé avec autant de

elle va juger cette faction redoutable, et sans doute avec autant de sévérité que le fera l'histoire ; car l'Europe ne ressemble pas au jury de Carpentras.

Puisse, Monseigneur, cet ébranlement salu-

---

méchanceté que d'imprudence des souvenirs affligeans que que la *sagesse*, *l'impartialité* et *le courage* des ministres avaient éteints?...

Il n'est pas inutile de présenter, après le discours de M. de Serre qu'on vient de lire, quelques passages du discours prononcé, une année seulement après, à la même tribune, devant la même assemblée, par son collègue M. Siméon. Je n'accompagnerai ces passages que d'observations fort courtes.

Extrait du Moniteur, *du* 26 *avril* 1820.

MESSIEURS,

« Les événemens qui troublent l'ordre public laissent long-temps après eux l'impression de la crainte. Commune à ceux qui en souffri- Les ministres, importunés des plaintes des victimes, leur conseillent l'oubli avec un ton d'amertume et de reproche... ON AIME MIEUX...

5

taire de l'opinion réveillée par votre courage faire rentrer dans l'ombre et arracher la toute puissance à ceux qui, depuis quatre ans, ne cessent d'attaquer la morale publique. Si la juste horreur qu'ils inspirent en ce moment ne leur

---

rent comme à ceux qui en profitèrent, elle leur inspire une mutuelle défiance. Les uns redoutent de nouveaux malheurs, les autres des vengeances et des réactions. L'oubli serait un puissant remède; mais ON AIME MIEUX s'effrayer des souvenirs du passé, et en déduire de tristes possibilités pour l'avenir. »

Demain ils ordonneront l'union ! L'union avec Graphand et Trestaillons! et avec ceux qui, bien plus criminels que ces misérables, en ont dirigé les coups!!

« Mais le gouvernement n'a pas aperçu sous d'aussi noires couleurs que le pétitionnaire l'état du département du Gard : le fanatisme politique y ralluma, il est vrai, le fanatisme religieux; mais depuis ces événemens, qui remontent à près de cinq ans, la tranquillité publique a été

Je suis aisément persuadé que le sommeil des ministres n'est jamais troublé par le souvenir des massacres de Nîmes, et par l'impunité des assassins qu'elle renferme.

L'acquittement des accusés d'Alais est-il pour M. le ministre de l'intérieur la preuve qu'il n'y a pas eu de sédition

enlève pas leur désastreuse influence, c'en est fait de la justice en France ; on n'y connaîtra bientôt plus d'autres arrêts que ceux qui auront été dictés par les fureurs de cette faction.

Voici, Monseigneur, mes observations, 1° sur

---

maintenue ; *aucun excès ne l'a troublée.* »

dans cette ville lors du désarmement de la garde nationale en 1818 ?

Son Excellence est-elle aussi bien convaincue que les rassemblemens de mars 1819 étaient insignifians : deux hommes blessés, un troisième tué le 14 mars, lui semblent-ils un sujet de trouble trop peu important pour altérer la tranquillité publique ?

L'agitation n'était pas plus vive à Paris au mois de juin 1820, qu'elle ne l'était à Nîmes au mois de mars 1819. Pourquoi les Ministres n'ont-ils été alarmés que des troubles de Paris ?... Il serait trop douloureux de penser que l'impunité accordée en 1815

les prisons de Carpentras, 2° sur le jury de cette session, 5° sur la police des audiences, 4° sur les affaires jugées dans cette session et notamment sur l'affaire Griffon.

---

aux factieux de Nîmes impose l'obligation d'être indulgens pour leur criminelle tentative de 1819.

« Le pétitionnaire demande que le *nommé Trestaillons* soit poursuivi : il l'a été. Le pétitionnaire sait, en sa qualité de magistrat, tout ce qui est dû de respect aux arrêts, surtout lorsqu'ils absolvent.

Trestaillons n'est plus pour les Ministres de 1820 cet *homme dont l'horrible surnom coûtait tant à prononcer* (le 23 mars 1819); aujourd'hui c'est simplement le *nommé Trestaillons.*

Je ne veux pas repousser un reproche aussi grave qu'injuste par des paroles trop véhémentes; mais je ne puis me dispenser de dire que le *nommé Trestaillons* n'a pas été jugé, malgré l'assurance qu'on met à affirmer qu'il l'a été : il n'y a pas eu jugement, mais commencement d'instruction, laquelle n'a pu être

§ 1er.

Prisons.

Ici se trouvaient dans mon Rapport diverses observations sur le local, sur les améliorations

---

continuée, parce que, d'une part, les témoins *glacés de terreur* (ainsi que le disait M. de Serre le 23 mars) n'ont pas voulu déposer, et que de l'autre un grand nombre *d'honnêtes gens* et de *fonctionnaires* ont eu l'infamie de signer des certificats et des recommandations en faveur de ce monstre. M. Simeon, quoique chargé naguère du portefeuille de la justice, a pu oublier ces faits ; mais j'avais droit d'espérer qu'avant d'en faire la matière d'une inculpation si grave contre moi, il chercherait à s'en bien assurer. Au reste, quand il eût été vrai que Trestaillons eût trouvé un jury tel que celui qui

nécessaires et sur la facilité de transformer, au moyen d'une très-légère dépense, une prison détestable en un séjour supportable et sain. Ces observations finissaient ainsi :

. . . . Combien de fois les amis

---

proclama l'innocence de Boissin, je pouvais me croire autorisé à en témoigner ma douleur après que le chef de la justice eut attaqué le 23 mars ces arrêts, qui avaient excité l'affliction de tous les gens de bien.

« Il voudrait que l'on intentât contre Trestaillons d'autres poursuites ; mais faut-il, par une nouvelle procédure, réveiller les passions?»

Réveiller les passions est une expression bien digne de remarque.

M. de Serre, indigné de l'impunité des assassins, déclarait que la tribune ne devait plus rester muette en présence de si *grands attentats*; il en faisait une effrayante énumération ; et treize mois après, à la même tribune, un ministre reproche à un magistrat, *témoin ocu-*

de l'humanité ont-ils sollicité depuis cinquante
ans l'amélioration des prisons de la France ! ces
vœux seront réalisés, j'en suis certain, sous le
ministère de Votre Excellence. Votre nom doit
se rattacher désormais à toutes les grandes pen-

---

laire de ces horreurs, de
s'alarmer sans motif pour
ses amis, pour ses proches,
pour les familles des victimes,
en voyant Trestaillons rentrer, la menace à la bouche,
dans cette ville, d'où le discours du 23 l'avait fait sortir.

Ce n'est pas, selon M. Siméon, ce n'est pas le retour
de Trestaillons qui a réveillé
la terreur des familles de ses
victimes, c'est ma pétition.

En 1820 le scandale n'est
plus, comme en 1819, dans
les crimes et l'impunité de
Trestaillons, il est dans le
cri du sang qu'il a répandu.

«M. Madier lui-même loue
le procureur du Roi de Nîmes
d'avoir déclaré qu'il ne s'im-

Pourquoi M. le Ministre de
l'intérieur oublie-t-il que j'ai
dit très-explicitement, dans

sées et à toutes les réformes urgentes. Voilà, Monseigneur, les espérances qu'a fait naître votre discours du 25; elles ne seront pas déçues.

---

posait pas la loi d'appurer un effroyable arriéré; que son intention était de garantir l'avenir sans revenir vers le passé. Pourquoi donc contrarie-t-il maintenant, par sa demande, la sage réserve dans laquelle il louait le procureur du Roi de se tenir? »

« Je dois assurer à la chambre que les rapports officiels des agens du gouvernement ne donnent aucune inquiétude sur le département du Gard et sur la ville de Nîmes. Là, comme en beaucoup d'autres lieux, l'agitation est plus dans les discours de certaines personnes ardentes que dans la multitude, qui ne demande que le repos. »

ma pétition, que, puisque Trestaillons avait osé reparaître à Nîmes, puisque sa bande était redevenue plus menaçante que jamais, il fallait poursuivre.

M. Siméon croit-il que des rapports officiels sont toujours l'expression infaillible de la vérité? Je lui répondrai, par la première phrase de son discours, *que là où tant d'événemens ont troublé l'ordre public, la crainte est commune aux victimes et aux bourreaux; les uns redoutent de nouveaux malheurs, les autres des vengeances et des réactions.* Son Excellence n'a pu disconvenir de cette vérité; Son Excellence connaît

§ 2.

Composition du Jury de cette session.

Ce jury était aussi distingué qu'on pouvait le souhaiter sous le rapport des lumières et de la

---

le retour de Trestaillons à Nîmes : cependant elle n'a pas la plus légère inquiétude sur cette ville !!

La tranquillité règne à Nîmes parce que l'intérêt des personnes qui ont Trestaillons à leurs ordres est de le contenir jusqu'au moment où elles croiront leur domination inébranlable; mais les protestans n'en ont pas moins le droit de répéter, avec M. de Saint-Aulaire, *« qu'ils implo-* » *raient sûreté pour aujour-* » *d'hui et sécurité pour le* » *lendemain; mais que jamais* » *ils n'ont obtenu que la moitié* » *de ce qu'ils demandaient. »*

Les protestans savent que des hommes éminens dans la

6

droiture : on ne m'a indiqué que trois ou quatre
de ceux qui en faisaient partie comme ayant des
opinions contraires à la Charte. Il me serait aisé
de nommer parmi ces jurés douze personnes
d'une capacité très-remarquable. En un mot la
grande majorité du jury était excellente.

---

société ont ouvert leur maison à Graphani, dit *Quatre-Taillons* ; qu'un d'entr'eux en avait fait son garde-chasse après les boucheries d'Uzès ; et qu'on s'obstine à répéter aux bourreaux de 1815 que leurs crimes sont excusés par les prétendus massacres des cent jours.

Les protestans savent qu'un journal censuré a pu sans obstacle imprimer cette exécrable calomnie : que leurs malheurs n'ont été que des *représailles* et qu'une expiation des *torrens* de sang catholique qu'ils avaient répandu pendant les cent jours.

Il serait donc injuste de s'étonner et de s'offenser de leurs alarmes sur l'avenir.

A quoi donc attribuer l'acquittement de Griffon ? Je ne m'y suis pas trompé un seul instant,
et plusieurs d'entre les jurés ont pris soin de
lever mes doutes. L'irritation des bons citoyens
étant extrême, je me crus autorisé à adresser
quelques questions à des jurés logés dans la
même maison que moi. Voici à la lettre ce qu'ils
me répondirent :

« C'est un miracle que vous ayez obtenu le
» partage des voix. Nous avons voté contre Grif-
» fon, et nous en sommes au désespoir. . . . .
» Vous nous avez entraînés. . . . . . . Les
» autres ont eu plus de bons sens. Dans les cir-
» constances où nous vivons, il faut être fous
» pour avoir affronté ce chorus général de re
» proches et de menaces que chacun se croira le
» droit de nous faire depuis le garde champêtre
» jusqu'au. . . . .

A ce sujet, Monseigneur, je ne puis que répéter ce que j'écrivais naguère à Votre Excellence
relativement aux assises du Gard. (Voy. au Rapport sur ces assises les passages commençant à
ces mots : *C'est beaucoup pour le Gard* . . .
et finissant à ceux-ci : *Jamais sans doute je*

*'aurai à me repentir d'avoir dit la vérité, du
moins sous un ministre tel que Votre Excellence.*

§ 3.

Police des Audiences.

J'ai éprouvé plus de difficultés qu'à Nîmes
pour diriger la police des audiences. Une compagnie de vétérans fut appelée à Carpentras en
1816; bientôt la garde nationale de cette ville
murmura de cette sage mesure qu'elle voulut
faire envisager comme injurieuse pour elle; les
vétérans furent renvoyés et la garde nationale
est demeurée chargée conjointement avec la
gendarmerie du service des assises.

La gendarmerie a exécuté assez exactement
mes ordres; mais j'ai eu peu à me louer de la
docilité de la garde nationale. Accoutumée
qu'elle est depuis long-temps à voir respecter ses
caprices, elle a paru trouver pénible d'obéir à ma
direction. . . . .

. . . .

§ IV.

Causes jugées à cette session.

Je supprime les observations sur toutes les causes qui ne se rattachaient pas à la politique.

AFFAIRE GRIFFON.

Le jeudi 26 mars la session fut terminée par le jugement de François Griffon, l'un des scélérats les plus redoutables qu'ait produit 1815.

Je suis certain, Monseigneur, d'aller au-devant de vos désirs en entrant dans les plus grands détails sur cette affaire, parce que la décision rendue par le jury a imprimé pour long-temps un grand ébranlement à toutes les opinions dans ce département. J'ose donc, Monseigneur, espérer de votre amour pour la justice que, loin de trouver ces détails sans utilité et sans intérêt, Votre Excellence les honorera de toute l'attention que méritent les faits que je vais exposer.

Informé que des manœuvres de toute espèce

étaient employées pour séduire ou effrayer les témoins, je jugeai que le premier qu'on s'efforcerait d'ébranler serait M. . . . . . Je le fis inviter à passer chez moi. Ce ne fut pas sans beaucoup de peine que je le déterminai à venir me trouver; mais il m'avoua sans difficulté que son dessein était de ne rien dire de ce qu'il savait. « Hier et aujourd'hui, me dit-il, des habitans de » Carpentras, personnes fort puissantes, m'ont » fait promettre de ne pas charger Griffon. D'au- » tres témoins ont pris le même engagement: à » toute heure des émissaires du comité. . . . . . » se relèvent dans les auberges où logent les té- » moins pour leur rappeler cet engagement et » leur peindre les suites terribles que pourrait » avoir pour eux la manifestation de la vérité. » Je suis persuadé, continua-t-il, que les autres » témoins sont aussi convaincus que moi de » l'inévitable acquittement de ce scélérat, et » n'affronteront pas, en pure perte, tous les dan- » gers qu'il y aurait à parler franchement : quant » à moi, je vous déclare que je ne dirai rien. On » nous a promis que si Griffon était mis en li- » berté, sans avoir eu à combattre des dépositions » graves, une grosse somme lui serait comptée » afin qu'il pût vivre hors de Cavaillon, et

» qu'outre l'avantage d'en être ainsi délivrés
» pour long-temps, nous pouvions compter sur
» la reconnaissance et sur la protection du co-
» mité ; que si, contre toute attente et malgré les
» intentions bienveillantes de plusieurs jurés,
» Griffon venait à être condamné sur nos dépo-
» sitions, son camarade Geoffroy, acquitté en
» 1817, saurait bien le venger ; ainsi, M. le pré-
» sident, je vous le répète, je ne dirai rien,
» quoique ce monstre. . . . .
» . . . .

» Depuis que j'ai vu toutes les personnes mar-
» quantes qui protègent Griffon, je sens qu'il
» est impossible de résister à une cabale si for-
» midable. Aux assises où Griffon fut acquitté
» à l'unanimité, il y a sept ou huit mois, d'une
» accusation d'assassinat, au moment où un té-
» moin avançait pour faire sa déposition, un
» sergent de. . . . . . . s'approche de lui le sabre
» nu, et lui dit : Ce sabre a le fil. Eh bien c'est
» pour le premier J. F. qui osera accuser le
» brave Griffon. Le témoin éleva la voix sur-
» le-champ, et en pleine audience, il porta
» plainte de cette menace atroce. Aucune pu-
» nition, aucune réprimande..... Ce sergent est
» encore en fonctions, c'est lui qui . . . .

» et vous voulez que je parle ; non je ne dirai
» rien ».

Le jour fixé pour le jugement étant arrivé,
j'ouvris les débats par une exhortation énergique
aux témoins de dire la vérité, et par les promesses les plus solennelles, au nom du gouvernement, de protéger les témoins contre les menaces qui pouvaient leur avoir été fa ites.

Ce discours préparatoire sembla produire une
grande impression : je pus en juger bientôt par
la fermeté de Thomas Paul, qui confirma sa déposition écrite, cotée A (voyez pièce justificative n°I.), et qui persista à reconnaître Griffon
pour l'homme qui lui avait tiré un coup de carabine.

Griffon ayant osé alléguer en preuve de la
fausseté de la déposition du sieur Paul que, depuis cette époque, ce dernier lui avait donné du
travail dans sa maison, et qu'il n'était pas ordi-
naire qu'on fournît à son assassin les moyens de
gagner de l'argent. « J'ai fait plus, s'écria Tho-
» mas Paul, jamais je ne vous ai reproché votre
» crime, de peur de réveiller votre fureur ; je
» vous ai fait travailler et sans marchander sur
» le prix ; je n'attendais alors de protection d'au-
» cun magistrat. Lorsqu'on est enfermé loin de

» tout secours avec une bête féroce, tout ce qui
» reste à faire, c'est de tâcher de l'adoucir par des
» caresses. »

  » Je persiste à dire que je vous reconnais pour
» mon assassin, et que devant mon domestique
» ici présent, vous m'avez manqué d'un coup
» de carabine. »

Ainsi fut prouvé le crime d'assassinat imputé
à Griffon. Les plus forts indices appuyaient d'ailleurs les dépositions de Thomas-Paul et de son
domestique.

Quant aux deux vols précédés de menaces
d'incendie et d'assassinat, qui lui étaient également imputés, les mariés Donat confirmèrent
avec la plus grande intrépidité leurs dépositions
écrites (cotées E F, pièce n°1.): Chabas fils confirma aussi sa déposition (cotée I, pièce n° 1.).
Tous ces témoins d'une grande aisance et d'une
réputation sans tache, s'exprimant avec énergie,
mais sans emportement, excitèrent une émotion
et un intérêt impossible à décrire.

On fit entendre plusieurs témoins appelés
afin de déposer, non pas précisément sur les faits
soumis au jugement du jury, mais afin de faire
connaître la vie et la réputation de l'accusé. Au

nombre de ces témoins étaient les mariés Belouard, Jérôme Piquet, Fléchaire, Chastelliers (cotés dans la pièce n° 1, B, C. D, G, H, K.) Deux de ces témoins, les mariés Belouard, auxquels je ne parvins pas à rendre du courage, achevèrent, sans le vouloir, de prouver, par leur silence même, et par la nature de leurs dénégations, la réalité de la terreur épouvantable qu'inspiraient Griffon et *ses puissans protecteurs*.

Pleindoux, non entendu dans l'enquête, refusa obstinément les renseignemens qu'il aurait pu donner. Fléchaire ne confirma qu'après de longues hésitations sa déposition écrite.

Belouard parut, et déclara qu'il n'avait rien que d'avantageux à dire au sujet de l'accusé, et qu'il le tenait pour un honnête homme. Ne l'avez-vous pas accusé, lui dis je, il y a huit mois de vous avoir tiré un coup de pistolet ? — J'ai reconnu que je m'étais trompé. — N'avez-vous pas écrit récemment à un magistrat une lettre où vous demandez la punition de Griffon en le désignant *comme votre assassin, comme le destructeur de votre fortune et de votre famille?* — Ces violentes expressions ont pu m'être inspirées par l'idée des torts dont j'ai reconnu depuis

Griffon innocent. —M. Belouard, vous avez écrit
cette lettre il y a six jours : la voila; la recon-
naissez-vous? —(Après avoir balbutié)..... Je déclare que je désavoue ces injures, et que je tiens
monsieur Griffon pour un honnête homme. S'il y
a eu quelques différends entre nous deux, je ne veux
plus y songer : le Roi ordonne de tout oublier;
je déclare donc que j'oublie tout, comme chré-
tien et comme royaliste, et que d'ailleurs je n'ai
rien à reprocher à l'accusé. — M. Belouard, il
ne s'agit pas ici du sacrifice, d'ailleurs louable,
de vos ressentimens, mais de dire la vérité à la
justice; il s'agit d'avouer ou de démentir et votre
lettre et les dépositions que vous avez faites devant le juge d'instruction. — Je n'ai rien à ajou-
ter. — Je vais donc lire votre déposition. Et je
la lus — Il y a, reprit Belouard, autant d'exagération dans ma déposition que dans ma lettre.
—M. Belouard, des explications aussi suspectes
m'autoriseraient à vous faire conduire en prison
si je ne pensais à tous les maux que vous avez
éprouvés. — Belouard, se levant. On peut me
mener en prison; mais je réitère que je n'ai rien
à dire contre M. Griffon. — Vous a-t-on fait
des menaces ou des promesses pour vous dé-

tourner de dire la vérité? — Non, M. le président.

Voici, Monseigneur, la copie de la lettre que Belouard m'avait écrite six jours auparavant.

Cavaillon, 20 mars 1819.

« Monsieur le Président,

» Une lettre que j'ai reçue de mon frère, » contrôleur des douanes à Saint-Jean-de-Luz, » m'oblige de partir pour des affaires le concer- » nant, et, tout prêt à me mettre en route, un de » mes fils vient de m'apprendre que le bruit » courait que *François Griffon, mon asssassin* » *et le destructeur de ma fortune et de ma fa-* « *mille*, devait être jugé lundi 22 courant, ce » que je ne puis croire, n'ayant encore reçu ni » copie, ni avis, et ne pouvant penser même » qu'on ait instruit la procédure contre lui, vu » que la plus grande partie des témoins à charge » n'a pas été entendue, tels que MM. . .. . . » Je vous prie donc instamment, M. le président, » au nom de la justice et de la loi, de vouloir

» bien renvoyer le jugement aux prochaines as-
» sises, afin de me donner par ce moyen le
» temps de dévoiler à la justice, au retour de
» mon voyage, les nouveaux délits dont Griffon
» s'est rendu coupable.

   » J'ai l'honneur, etc., etc.

Signé BELOUARD. »

Ainsi un homme qui, le 20 mars, craignait
de voir échapper à la justice *son assassin et le
destructeur de sa fortune et de sa famille*, un
père dont le fils gissait encore agonisant par
suite des traitemens barbares qu'il avait reçus ;
cet homme avait été tellement terrifié que, six
jours après cette lettre, il pardonne publique-
ment à son assassin, et accuse d'exagération sa
lettre et sa déposition ! ! !

Poursuivons. . . . . . .

Madame Belouard fut entendue après son
mari, et s'exprima à peu près dans les mêmes
termes. Madame, lui dis je, aux assises de juin
1818 n'acusâtes-vous pas Griffon d'avoir assas-
siné votre mari, et gravement maltraité votre

fils ? — Madame Belouard pleurant. Je l'en ai accusé ; mais je me trompais. — Madame, on m'a dit que votre fils avait d'abord été amené par vos soins à un état de convalescence, mais que la nouvelle de l'acquittement de Griffon lui avait causé une révolution si terrible d'indignation et d'effroi, qu'il était retombé dans un état pire qu'auparavant : si ces faits sont exacts, quels ménagemens devez-vous à Griffon? Vous êtes mère, Madame, et vous en trahirez les devoirs si vous refusez à la justice les éclaircissemens que vous pouvez lui fournir : parlez, Madame, parlez. . . . . . Ici, Madame Belouard est comme suffoquée par les sanglots : elle se lève; on croit qu'elle va parler; mais un regard terrible de son mari enchaîne sa langue; elle se cache la tête dans ses mains, et court, sans me répondre un seul mot, se perdre dans la foule (1).

---

(1) Je ne sais si les procès-verbaux d'audience ont fait mention du refus de M. et Mᵐᵉ Belouard de confirmer leur déposition écrite; ce qui est important à rappeler, c'est que mes rapports à M. de Serre lui ont fait connaître cette circonstance. Je fais observer aussi que j'ai été obligé de faire de nombreux retranchemens, de peur de voir tous les

Mouvement d'horreur prolongé dans l'assemblée ! !

Les Chastelier confirmèrent leurs dépositions: ces témoins auraient suffi pour faire connaître la conduite de Griffon en 1815.

Mais ce qui acheva de lever tous les doutes, ce fut la déposition de Jérôme Piquet, vieillard de 72 ans, jouissant d'une réputation glorieuse. Griffon démentit ses assertions, et le traita de *vieux radoteur.* « Plût à Dieu que je fusse dans

---

coupables que j'ai signalés encouragés par la faction] à m'attaquer en calomnie.

J'atteste, sans crainte d'être démenti par S. Exc. Mgr le garde-des-sceaux, que les rapports qu'elle a reçus de moi contenaient :

1°. Le nom des témoins qui m'ont fait connaître les criminelles manœuvres par lesquelles on les épouvanta ;

2°. Des renseignemens sur la garde nationale de Carpentras;

3°. Le nom des personnes marquantes qui m'ont fourni la preuve que des exprès avaient été envoyés dans tout le département de Vaucluse pour y annoncer de tous côtés le triomphe de François Griffon ;

4°. Des détails sur le sergent qui avait menacé de coups de sabre un témoin disposé à dire la vérité sur Griffon;

» le délire! s'écria Piquet : j'y étais bien plutôt
» dans le délire quand tu m'as fait jouer un rôle
» dans tes infâmes expéditions ; quand tu m'as
» obligé à aller demander à tes victimes les ran-
» çons que tu exigeais pour leur laisser la vie.

   » Puisqu'il faut tout révéler, n'est-ce pas toi
» qui m'as fait demander, et qui pris une somme
» d'argent à M. Dumas, bienfaiteur de ta famille,
» de tes enfans et de toi-même? n'as-tu pas ac-
» compagné la demande que je lui fis par ton

5°. La désignation la plus précise de quelques *fonctionnaires* de 1815 qui inspiraient de la terreur aux témoins ;

6°. Des réflexions sur un scandale arrivé en pleine audience, et si affligeant que je ne pus me dispenser de dé-
signer le fonctionnaire qui en avait été l'objet, et d'indiquer
pour cela à Son Excellence les passages de la *Bibliothèque
historique* où étaient rapportés les actes de ce fonctionnaire.

Malgré ces retranchemens, on pourra décider si j'ai mis
du dévouement, de la franchise et de l'énergie dans les efforts que j'ai faits pour éclairer les ministres et les déterminer aux seuls remèdes propres à arrêter un si grand
mal.

Les révélations confidentielles avaient été impuissantes ;
le danger était de nouveau imminent ; 1815 reparaissait à
Nimes j'appelai l'opinion publique à mon aide.

» ordre de menaces si épouvantables, qu'il
» mourut peu de jours après du saisissement
» que tu lui causas?

  » Il n'est que trop vrai, j'ai souillé une vie
» honorable en cédant à tes menaces; je suis
» devenu en quelque façon ton complice, puisque
» j'allais signifier tes ordres et fixer les rançons.
» La peur que tu inspirais, scélérat, m'a seule
» déterminé, et tu sais bien que jamais je n'ai
» voulu accepter de toi aucun salaire; quelque-
» fois même j'ai obtenu de toi des adoucisse-
» mens et des diminutions dans tes extorsions';
» mais je n'en ai pas moins été coupable : je
» l'avoue à la justice, je le confesse devant tout
» le peuple, oui, Jérôme Piquet, autrefois
» l'exemple de Cavaillon, est devenu le complice
» d'un scélérat. A présent, Griffon, je serai tué
» par toi ou par les tiens si vous le voulez; mais
» j'ai 72 ans, et vous ne m'ôterez pas beaucoup
» d'années !!! . . . . »

  (Nouveau mouvement d'horreur dans l'assemblée, non moins prolongé que les autres.)

  Tel était Griffon, Monseigneur, et il a été
acquitté!!

  Le poids de tant de dépositions accablantes
n'ébranla pas un seul instant, je ne dirai pas son

courage, mais son insolence, tant un premier
acquittement l'avait rendu certain du second!

Il fit entendre des témoins à décharge : un
de ces derniers, Dominique Deveaux, fut inter-
rompu par les mariés Donat, qui s'écrièrent :
« Ah ! voilà un de ceux qui l'accompagnaient
» quand il vint pour mettre le feu à notre mé-
» tairie. » Et en effet Deveaux avoua qu'il était
un de ceux qui avaient suivi Griffon à la mé-
tairie Donat; mais il prétendit que s'ils étaient
armés, c'était pour une partie de chasse, et
qu'ils ne s'étaient permis ni demande d'argent,
ni menaces.

« Vous le voyez, m'écrié-je en m'adressant
» aux jurés, afin qu'aucun scandale ne man-
» quât à cette cause déjà si horrible, Griffon
» ose faire paraître à sa décharge les hommes
» qu'il avait entraînés ou enrôlés dans sa bande.
» Deveaux, c'est donc en faveur de celui qui
» vous conduisait au pillage que vous ne crai-
» gnez pas de paraître devant la justice. Vos
» menaces atroces d'incendie et d'assassinat sont
» prouvées par les mariés Donat et par les té-
» moins qui en ont fourni la rançon : je dois
» vous regarder comme le complice de Griffon;

» je devrais peut-être vous faire arrêter sur-le-
» champ pour ce crime que vous venez d'aggra-
» ver par un parjure : restez libre néanmoins....
» allez en paix, et tâchez de vous faire oublier.
» Que votre impunité ne scandalise pas trop
» ceux qui m'écoutent et particulièrement MM.
» les jurés ; que votre impunité devienne pour
» tout le monde la preuve de ces grands prin-
» cipes d'humanité, de politique et d'équité qui
» ont animé les magistrats chargés d'arrêter le
» cours de ces affreux désordres. Quoique le
» nombre des coupables ait été bien grand, la
» justice n'a poursuivi que les chefs : que les
» chefs seuls soient punis ; que les insensés qui
» n'ont été qu'entraînés s'arrêtent effrayés par
» la punition de ces chefs : qu'ils se repentent,
» et ils seront réconciliés avec la société. Mais,
» chefs si criminels et si redoutables. . . . . .
» . . . .
» MM. les jurés, souvenez-vous de ce que vous
» venez de voir et d'entendre , et interrogez vos
» vos consciences. »

Immédiatement après l'audition de ce témoin ,
à qui l'indignation publique fit prendre la fuite ,
M. Morel , substitut du procureur du Roi, prit

la parole. Je ne saurais donner trop d'éloges à l'énergie de son discours, à la moralité et à la profondeur des observations qu'il présenta au jury.

Tout fut inutile, et, après trois heures de délibération, il y eut partage de voix.

J'ai joint à mon rapport, comme pièce justificative (cotée sous le n°. 2) une partie de mon résumé : je désire que ces fragmens puissent convaincre V. Exc. que l'on ne doit pas m'imputer le scandale d'un acquittement qui a plongé tous les gens de bien dans la désolation.

Telle était l'importance qu'attachaient à ce résultat les *puissans protecteurs* de Griffon, telle était l'attention que cette faction portait à ce jugement sur tous les points du département de Vaucluse, qu'un grand nombre d'exprès fut expédié pour apprendre à tous les honnêtes gens l'heureuse nouvelle. Le jugement, rendu à minuit, fut connu avant trois heures du matin à Avignon, distant de quatre lieues de Carpentras. Ce fait m'a été attesté par M. de *** , et j'en ai eu également la preuve par d'autres personnes.

Aucun reproche ne saurait être fait au tribunal de Carpentras ; il a vu la décision du jury avec autant de peine que moi. Si V. Exc. s'é-

tonnait que ces magistrats ne parviennent point
à gagner la confiance des jurys, et à y répandre
des idées de justice et de dignité morale, je répondrais que ce tribunal, composé de juges qui
ont une réputation glorieuse, est journellement
l'objet des satires du comité qui, à Carpentras,
exerce une suprême influence. On fait un crime
au tribunal de ses efforts pour ramener à des
idées saines et modérées; et les hauts person-
nages qui sont en possession de maîtriser l'opinion à Carpentras ont enlevé au tribunal l'influence qu'il méritait de conserver.

Accablé d'affliction et de fatigue, j'avais formé
le projet de partir le lendemain de l'arrêt pour
la campagne; une nouvelle commotion m'était
réservée : de très-bonne heure un assez grand
nombre de personnes heurtent à ma porte : je
vois paraître les. . . . .
et plusieurs habitans de Cavaillon, non entendus dans l'affaire. Tous semblaient livrés au désespoir ou à la terreur. Je fis tout ce que je pus
pour les rassurer sans y parvenir. Eh bien !
M. le président, dit un d'eux, a-t-il eu tort de
ne rien dire? Ah ! s'écrièrent les autres, Belouard seul a eu du bon sens; quant à nous,
nous sommes perdus. Et ils répétaient à tous

momens, nous sommes perdus! — Cessez de
craindre, leur dis-je, j'écrirai au . . . . . .

. . . .

Gardez-vous en bien; ils sont loin de trouver
mauvaise la conduite de Griffon.

Et ici des sanglots et des cris. « Mes amis,
» leur dis-je, je ne vous ai pas trompés : le gou-
» vernement avait à cœur que justice vous fût
» rendue; je vous ai promis sa protection, vous
» l'aurez, n'en doutez pas : on aura l'œil ouvert
» sur vos ennemis. — Vous vous trompez, ou
» vous nous trompez, reprit ***, toujours
» plus égaré. Si le gouvernement avait franche-
» ment voulu la punition de Griffon, il aurait
» commmencé par destituer ce. . . . .
» qui, loin d'arrêter les crimes, les encoura-
» geait. Quant à moi, comme je n'attends plus
» de justice que de moi seul. . . . .
» je sais ce que j'ai à faire. . . . . . . Faites-
» moi arrêter si vous le voulez. . . . .
» Je vous déclare que sans cesse je porterai une
» carabine : Griffon l'a bien portée, lui. . . .
» Partout où je le trouverai, je ferai feu sur lui,
» je le tuerai sous les yeux de son. . . . . . .
« — ***. Mon ami, calmez-vous; ces propos
» sont d'un insensé. — Non, M. le président,

» il nous tuera bientôt si l'un de nous ne le tue pas.

» Eh ! que pouvons-nous tous espérer de VOTRE
« justice quand elle laisse en paix les assassins
« du maréchal Brune. Vous même, M. le prési-
» dent, vous n'avez pas osé faire arrêter Domi-
» nique Deveaux. — Mes amis, vous me l'avez
» entendu dire hier; c'est que Deveaux n'était
» qu'un des soldats de Griffon, et que j'espérais
» par cette modération obtenir la punition du
» chef de la bande. Il n'est pas juste de rendre
» le gouvernement et les magistrats responsa-
» bles des fâcheuses décisions rendues par des
» jurés dans votre malheureux département. Au
» nom de votre intérêt, calmez-vous donc. Le
» gouvernement s'occupe à réparer les maux de
» 1815 : comment voulez-vous qu'il parvienne si
» de votre côté vous tombez dans d'autres excès ?

« Songez que Griffon n'a pas été remis en
» liberté; que bientôt il sera jugé pour des
» faits correctionnels par des magistrats et
» non par des jurés : il n'est pas probable
» qu'il soit impuni comme hier, et vous
» en serez délivrés pour un temps très-long,
» lequel sera sans doute employé par le gou-
» vernement à vous choisir des administrateurs
» plus impartiaux, s'il est vrai que ceux d'à pré-

» sent ne le soient pas. » — S'il est vrai, M. le président, que ceux d'à présent ne le soient pas!! Ici, Monseigneur, ils me rapportèrent une foule de faits tous plus horribles les uns que les autres, et dans le récit desquels ils peuvent bien avoir mis quelque exagération; mais ce qui rend tout croyable, c'est la terreur dont ils sont saisis, c'est la terreur qui domine aussi les jurés, c'est l'audace de. . . . .

. . . .

Je ne réussis qu'au bout de plusieurs heures à calmer un peu ces pauvres gens; pour y parvenir il fallut endurer leurs plaintes, leurs cris, et quelquefois leurs injures : leur position excusait tout. Je suis bien éloigné de croire qu'on doive me reprocher cet excès de patience, et j'ai eu lieu de m'en féliciter; car en se retirant ils embrassaient mes genoux.

Je leur promis que Griffon trouverait des juges équitables; je leur promis que si ces juges étaient obligés, faute de preuves, de replacer ce monstre dans la société, le gouvernement saurait du moins l'enchaîner de sa surveillance : je leur promis d'implorer sans délai votre secours et celui du ministre de l'intérieur pour les sauver du ressentiment de Griffon et de ses puissans protecteurs. Sans doute, Monseigneur, je ne serai pas désavoué par le gouvernement.

J'avais le droit de les faire ces promesses, j'avais le droit de proclamer que le Roi regardait comme son premier titre à l'affection de ses peuples, l'obligation de seconder de toute sa puissance l'action de la justice. Il me serait très-aisé de dire comment peuvent être efficacement défendus les infortunés qui gémissent et qui tremblent pour avoir cédé à mes encouragemens et à mes promesses : mais ici, Monseigneur, finissent mes obligations et commencent les vôtres.

Je ne saurais terminer ce rapport sans vous exprimer mes craintes au sujet des poursuites qui se préparent contre les assassins du maréchal Brune. Je tremble que ces poursuites n'amènent d'autre résultat qu'un nouveau scandale. Sans doute, Monseigneur, vous deviez une réponse prompte et énergique aux hommes qui, après avoir assuré l'impunité de leurs sicaires par d'abominables manœuvres, osent ensuite accuser de cette impunité ceux qui en gémissent le plus amèrement. Sans doute aussi, après votre discours du 23, la maréchale devait sur-le-champ crier justice!! mais pourra-t-on recueillir les preuves nécessaires pour la lui rendre? Le temps

9

est-il enfin venu où les témoins ne craindront plus de braver la coalition de tous ces intérêts *vraiment révolutionnaires* qui viennent de faire triompher Griffon ?

On assure que des personnes importantes dans la société ont *dirigé* et *exécuté* l'affreux attentat qui a déshonoré Avignon, ou du moins, dit-on encore, elles s'en sont vantées. Ces personnes *importantes* seront-elles moins vivement secourues que ne l'a été l'ignoble Griffon ??? Mais, répondra-t-on, l'instruction sera faite et les témoins entendus hors de Vaucluse. — Qu'importe ; ces témoins oublieront-ils qu'ils doivent y revenir ? oublieront-ils qu'ils doivent y retrouver la terrible. . . . . ? oublieront-ils que dans tout le département de Vaucluse, ils doivent retrouver les comités secrets, les mêmes. . . . . . , ... les mêmes . . . . ; enfin tous les . . . .

Malgré tous ces obstacles, la maréchale verra-t-elle punir les assassins de son malheureux époux ? Je le désire ardemment, mais je ne l'espère pas.

Daignez agréer, Monseigneur, etc.

EXTRAIT

De la Pièce justificative n°. 1.

Nota. J'ai en mains copie certifiée des dépositions contenues dans la pièce justificative cotée n° 1. Afin de donner
une idée de la nature de ces dépositions, je me borne à en
copier deux ; celles de Chabas fils et de Chastellier fils.

. . . . François Chabas fils dépose :
que, dans le courant de l'année 1815, et ne se
rappelant pas précisément le jour, le nommé
François Griffon, accusé, se présenta chez la
mère du déposant, laquelle est âgée de *quatre-
vingts ans*, et la menaça de la tuer si elle ne lui
donnait pas trois louis ; qu'elle se déroba à sa
fureur en se cachant dans une chambre dont elle
ferma la porte sur elle ; qu'il se retira alors en
disant qu'il reviendrait le lendemain ; que sa
mère, effrayée de ces menaces de Griffon, qui
était alors la terreur de la contrée et y exerçait
toute sorte de vexations, envoya chercher son
fils, déposant, et l'engagea à aller porter à

Griffon l'argent qu'il demandait. Quoiqu'il sût bien que sa mère ne devait rien à Griffon, il se détermina, pour acheter sa tranquillité, à aller trouver ce dernier dans le cabaret du sieur Blanchet, et, l'ayant tiré à part, il lui demanda à plusieurs reprises pourquoi il exigeait trois louis de sa mère; qu'il ne put jamais rien obtenir de lui, sinon : *Il me faut trois louis ou elle ne périra que de mes mains;* qu'il lui compta alors cette somme et se retira.

Joseph Chastelier fils dépose : que, dans le courant du mois d'août 1815, il était occupé à lire avec son père dans leur maison d'habitation à Cavaillon, lorsqu'ils virent entrer dans le salon où ils étaient François Griffon et Deveaux; que ce dernier, ayant fermé sur lui la porte d'entrée de la maison et celle dudit salon, s'adressa à son père et lui dit : *Il nous faut sur-le-champ vingt-cinq louis, ou tu vas recevoir la mort à l'instant et en présence de ton fils;* qu'au même instant, lui, déposant, ayant voulu ouvrir les portes pour aller appeler du secours, en fut empêché par François Griffon, qui courut sur lui et le força à rentrer; que son père ayant répondu qu'il préférait la mort à leur donner un argent qu'il ne leur devait pas, François Griffon dit alors à Deveaux : *Puisqu'il veut la mort, donne-lui la mort.*

Certifié conforme aux minutes,

LECLERC , *greffier.*

Certifié conforme,

MADIER DE MONTJAU.

Nota. On voit qu'il existait une grande conformité, quant aux plans et à l'exécution, entre les *honnêtes gens* qui exploitaient Vaucluse en 1815 et ceux qui, dans le même temps, mettaient à rançon toutes les familles protestantes de Nîmes, sans en excepter que huit à neuf.

EXTRAIT

De la Pièce justificative cotée n° 2 , jointe au Rapport adressé au Ministre de la justice sur les assises de Vaucluse.

(Extraits du résumé du président.)

Messieurs les Jurés,

La cause qui vous est soumise et le devoir que je vais remplir sont pour vos concitoyens et pour la France entière le présage le plus assuré d'un meilleur avenir réservé à vos contrées trop long-temps agitées par d'ardentes passions. Si les magistrats avaient pu craindre que vos décisions ne fussent pas indépendantes et impartiales, ils avaient le droit et il eût été de leur devoir d'ordonner que l'accusé serait jugé loin du théâtre des crimes qui lui sont imputés. Mais ils n'ont point pris cette mesure, parce qu'ils ont pensé que l'occasion ne devait pas être perdue de prouver à la France, si souvent affligée des excès commis impunément dans ces lieux, que le département de Vaucluse était enfin soumis comme tout le reste du royaume à cet esprit de sagesse et d'équité qui se répand du haut du trône, et a déjà réparé tant de maux.

Cette noble confiance ne sera point déçue, et votre fermeté annoncera qu'ils sont passés, pour ne plus revenir, ces temps où des criminels conservaient leur audace sur le banc fatal, de cette place glaçaient encore d'effroi leurs victimes, arrêtaient d'un regard la vérité près de s'échapper de leur bouche, et effrayaient la justice jusque dans son sanctuaire.

Mais, Messieurs, la confiance commandée par votre intégrité n'a pas dû faire perdre de vue aux magistrats, tout ce qui pouvait faire craindre un jugement trop rapproché du crime.

Ils ont redoublé de circonspection ; ils ont pensé, pour me servir de l'expression d'un illustre orateur (1), qu'une *quarantaine morale* était nécessaire pour rasseoir l'opinion ébranlée par l'indignation ou par la terreur. Grâces soient donc rendues à cet esprit de modération des magistrats qui n'ont livré l'accusé au jugement que dans un temps où il n'est plus permis de craindre ni d'indignes faiblesses, ni d'injuste sévérité.

C'est encore cet esprit de modération qui a laissé jouir de la liberté la plupart des hommes que la voix publique avait d'abord désignés comme complices de l'accusé ; on n'offre à vos regards que le plus coupable, que le chef avoué d'une bande redoutable, laquelle s'est livrée aux excès les plus effrayans. Tel est en effet le vœu de la société et de l'humanité : des exemples de sévérité peu nombreux et judicieusement appliqués suffisent pour intimider le crime, et des magistrats, vraiment dignes de ce nom, ne vous offriront jamais ces longues listes d'accusés, au moyen desquelles on tranformerait bientôt la justice en vengeance régularisée.

---

(1) Lord Erskine.

On a, dit-on, entrepris de persuader que des
opinions politiques avaient égaré Griffon, et que
ces opinions devaient être son excuse. Lui! des
opinions et des passions politiques!.. et quelle
autre passion peut on lui supposer que la soif du
pillage et du sang, s'il est vrai qu'il ait commis
les crimes qui lui sont imputés? Ah! la cause
royale, cette cause sacrée n'éprouvera aucune
atteinte de cette prétention élevée par quelques
misérables! Tels que ces pirates qui pour inspirer la sécurité arborent tour à tour les pa-
villons les plus respectés, on les voit se refugier
sous la bannière de l'honneur; ils veulent s'en
faire une égide, mais ils seront repoussés avec
horreur de cet asile; ils seront rejetés par
tous les partis, parce qu'ils ne peuvent en honorer aucun, et qu'ils nuisent à tous en ébranlant
les principes conservateurs de la société. Oh
noble France! foyer de tous les sentimens géné-
reux, quelque longs, quelque affreux qu'aient
été tes déchiremens, jamais, je l'espère, il ne
pourra se former dans ton sein une faction assez
aveugle pour employer ou du moins pour avouer
des auxiliaires si avilis.

Repoussez donc, Messieurs, des insinuations
insolentes, etc., etc.

. . . . Je fis ensuite le résumé des débats, et je le terminai ainsi :

Songez, Messieurs, aux suites de votre réponse; songez qu'il y va du repos, de la sécurité, de l'honneur de cette contrée long-temps désolée par des crimes pareils à ceux dont le châtiment vous est demandé. En aurais-je trop dit sur ce triste objet?? Non, sans doute, Messieurs, non; et cette dure franchise pourra seule acquitter mon ministère de la responsabilité d'une erreur ou d'une faiblesse que je suis bien éloigné de craindre, mais que de douloureux souvenirs me font envisager comme possible.

Loin de moi l'idée barbare de déterminer une conviction chancelante en vous proposant une extrême sévérité comme la réparation de ces décisions funestes qui ont assuré l'impunité à de grands criminels. Ah! loin de moi, je le répète, la pensée d'une si atroce compensation.

Si votre esprit flotte dans le doute sur la réalité des crimes qui sont imputés à Griffon, faites tomber ses fers, faites-les tomber à l'instant; mais si des témoignages si multipliés, si unanimes, si respectables ont porté dans vos âmes la conviction de sa culpabilité, armez-vous de

patriotisme et de force , et prononcez la réponse
à laquelle vous obligent votre conscience et le
serment que vous avez prêté entre mes mains.

Puissent, Messieurs, la sagesse et la fermeté
de votre décision hâter l'heureux moment où le
jugement par jurés paraîtra à tous les citoyens la
garantie la plus sûre de leur bonheur , l'institution la plus digne de leur respect!

Nota. Les rapports qu'on vient de lire montrent que
je n'ai cessé d'attribuer aux souvenirs de 1815 et aux manœuvres des comités secrets l'impunité des sicaires : à
chaque instant j'y parle des intrigues de la faction puissante qui, après avoir organisé l'assassinat, protége ses assassins; en un mot, j'y signale la marche que suit auprès
des cours d'assises le *gouvernement occulte* dont j'ai plus
tard surpris les circulaires.

C'est après avoir reçu les rapports, pièces et discours ci-dessus, que M⁶ʳ le Garde-des-Sceaux m'a désigné pour présider pendant la troisième session des assises du Gard en 1819;
et après avoir reçu la lettre du 2 septembre , qu'on va
lire, Son Excellence m'a désigné pour présider de nouveau
les assises de Carpentras et celles de l'Ardèche.

LETTRE

*Tenant lieu de rapport pour la troisième session
des Assises du Gard en 1819.*

(Particulière et confidentielle.)

Nîmes , 2 septembre 1819.

MONSEIGNEUR ,

Pendant la session de 1816 des assises de la
Lozère , et sous ma présidence , un assassin évi-
demment coupable fut acquitté : l'esprit de parti
le protégea , quoique son crime , commis avant

nos dernières agitations politiques , n'eût
pas eu pour cause ses opinions. L'affliction
que me causa cette décision fut augmentée par
la certitude que l'opinion du jury avait été volon-
tairement égarée par un fonctionnaire public.

Une affreuse perplexité agitait mon âme à la
pensée de rendre un compte exact de cet événement ; aucune considération n'aurait pu me déterminer à en présenter un récit infidèle , je pris
le parti de ne pas faire le rapport d'usage , et
j'écrivis au garde-des-sceaux alors en fonction ,
la lettre suivante :

« Monseigneur, quoique la multiplicité et
» l'importance des événemens au milieu des-
» quels nous vivons assurent un prompt oubli
» à la plupart des désordres occasionnés par le
» déchaînement des partis , je crois impossible
» que Votre Excellence ne soit pas bientôt ins-
» truite par la clameur publique de l'acquitte-
» ment de *Louis Nègre,* accusé d'avoir assas-
» siné, il y a plusieurs années, le mari d'une
» femme avec laquelle il entretenait un commerce
» adultère.

» Les membres du jury ne sont pas les seuls
» coupables de cette acquittement. N'attendez

» pas, Monseigneur, que je vous les fasse connaître
» tous, si parmi eux se trouvait un fonctionnaire
» public élévé, si . . . .
» . . . .
» Sans doute, Monseigneur, je pourrais consi-
» dérer comme un devoir le silence le plus ab-
» solu.   -
    » C'est aussi le parti que j'adopte ; j'ignore si
» ces scrupules seront accusés d'exagération,
» mais certainement ils ne pouront paraître bla-
» mables.

    » Daignez agréer, etc. , etc.

Les assises du Gard, dont Votre Excellence
m'avait confié la présidence pendant le troisième
trimestre de 1819, viennent d'être marquées par
des scandales non moins déplorables que celui
dont j'avais été le témoin dans la Lozère. Certes,
je ne redoute pas que personne puisse en aucune
manière me les imputer : la peine qu'ils m'ont
causée n'est donc pas sans compensation ; mais
je ne puis surmonter la répugnance que j'éprouve
à faire connaître à Votre Excellence tout ce que
j'ai vu et entendu pendant cette session. Trop
de personnes ont mérité le reproche d'avoir été

conduites par la pusillanimité ou par l'esprit de parti. pour que je doive me condamner à les signaler à Votre Excellence.

Le mal est grand, il est immense ; mais mes efforts seraient impuissans, ou pour en convaincre le gouvernement, ou pour le déterminer aux seuls remèdes qui puissent en arrêter les progrès. Je supplie, en conséquence, votre Excellence de vouloir bien juger avec indulgence le parti que j'ai cru pouvoir prendre de ne point lui adresser de rapport pour le troisième trimestre des assises du Gard.

J'ose espérer aussi qu'elle daignera me permettre de persévérer dans la résolution que j'ai formée de ne plus accepter désormais le fardeau de la présidence des assises du Gard. La présidence des assises à Nîmes a toujours été l'occasion de l'ébranlement le plus funeste pour ma santé, fort altérée depuis quatre ans. Dans Vaucluse, malgré les mauvaises décisions dont j'ai rendu compte à Votre Excellence dans mon rapport d'avril dernier, j'ai obtenu un commencement d'amélioration ; à Nîmes, au contraire, je n'ai plus d'espoir de succès : il semble que la faction redouble d'activité et d'audace, et qu'elle proportionne l'étendue de ses manœuvres à l'énergie qu'elle s'attend à trouver dans un président.

Je ne puis plus, *je ne veux* plus être témoin de pareilles indignités ; *je ne veux* plus être l'occasion, même innocente, d'un *verdict* semblable à celui qui vient d'assurer l'impunité à Boudon (1), et qu'on pourrait appeler une véritable proclamation destinée à rassurer et à recruter les bandes, un moment effrayées, de Truphémy et de Trestaillons.

Daignez agréer, etc., etc.

---

(1) Boudon, du Vigan, accusé par le témoignage unanime de quatre de ses amis d'avoir frappé un protestant d'un coup de couteau en 1819.

. L'acquittement de Boudon occasionna dans l'arrondissement du Vigan ce qu'on devrait appeler un véritable mouvement ; mais je n'entrerai à cet égard dans aucun détail ; mes assertions ont été frappées d'impuissance par M. Siméon, lorsqu'il a attesté à la tribune que depuis près de cinq ans la tranquillité du Gard n'avait été ni troublée ni menacée.

LETTRE DE M. SIMÉON.

Paris, le 29 janvier 1820.

MONSIEUR,

J'ai reçu par duplicata, avec votre lettre du 29 novembre dernier, copie de celle que vous m'aviez adressée le 2 septembre précédent au sujet des assises du département du Gard, pendant le troisième trimestre 1819, tenues sous votre présidence.

La lettre du 2 septembre m'était en effet parvenue; et j'y avais donné une attention toute particulière, mais j'ai dû la considérer comme un appendice du compte d'assises plutôt que comme le compte lui-même.

En applaudissant au surplus aux sentimens qui y sont exprimés, je me plaindrai des res-

trictions que vous mettez à votre franchise. Ces
réticences semblent accuser le gouvernement
d'un défaut de volonté ou bien d'impuissance
pour réprimer les désordres. Le gouvernement
n'a besoin que de connaître la vérité; il doit
l'apprendre des fonctionnaires qui sont sur les
lieux, et il l'attend surtout des magistrats auxquels
est confié le dépôt de la justice.

Recevez , Monsieur , etc.

Le Sous-Secrétaire d'Etat au département
de la justice ,

Siméon.

Malgré la rude franchise de la lettre du 2 septembre 1819 , M. Siméon *applaudit* aux sentimens qui l'ont dictée.

Le 29 janvier 1820 il donne des éloges au
Magistrat qui lui a écrit : « Le mal est grand , il
est immense, etc. » Au mois de février M. Siméon parvient au ministère de l'intérieur, dont
le portefeuille est rempli de rapports et de
renseignemens sur l'agitation affreuse et les dangers de Nîmes au commencement de l'année
dernière. Le 25 avril, lors de la discussion de ma

pétition , M. Siméon affirme à la tribune que
l'agitation de Nîmes n'existe que dans mon ar-
dente imagination ; il affirme que depuis plus
de quatre ans le calme et la sécurité n'y ont jamais été troublés ...

Nota. M. Siméon me presse, dans sa lettre, de ne rien
cacher au gouvernement, comme si je n'avais pas dit la vérité tout entière dans mes rapports du mois d'avril; comme
si j'avais dû raisonnablement espérer que de nouvelles ins-
tances feraient changer de système à un ministère qui, ayant
reçu mes rapports depuis dix mois, n'avait absolument rien
fait pour rendre la sécurité au departement de Vaucluse.
Ma confiance dut encore s'affaiblir lorsque, trois semaines
après avoir reçu la lettre de M. Siméon, je vis les mêmes
hommes qui naguère avaient refusé d'entrer dans le ministère, de peur d'attacher leur nom au renversement de la loi
des élections, accepter ensuite le pouvoir au moment où
toutes nos institutions étaient attaquées à la fois. Je m'obs-
tinai néanmoins à croire encore à des intentions pures; mais
j'aurais été stupide de ne pas voir avec toute la France que
le ministère pliait devant une faction. En de telles conjonc-
tures je dus, je le répète, je dus appeler l'opinion publique
à mon aide, et je ne me repentirai jamais de l'avoir fait,
quelles que puissent devenir les persécutions commencées
contre moi.

EXTRAITS

De l'interrogatoire subi le 9 juin 1820.

L'an 1820. . . . . nous étant trans-
porté au domicile de M. Madier de Montjau,
sur l'avis qu'il était retenu au lit malade. . . . . .
il a été requis par nous de prêter le serment.
Interpellé de ses nom et prénoms, a répondu :
Je m'appelle. . . . . Relativement au serment qui m'est demandé, je déclare
que je regarde comme un devoir de satisfaire
aux demandes de la justice, et ce devoir me
paraît encore plus sacré pour un magistrat ; mais
il s'agit de poursuivre les auteurs de manœuvres
criminelles dénoncées par moi, non pas d'après
des découvertes que le hasard seul m'aurait fait
faire, mais bien d'après des révélations que je
n'aurais pas obtenues si je n'avais pas pris envers
ceux qui me les ont faites l'engagement de ne les
nommer que dans certaines circonstances (après
des poursuites contre les auteurs des notes secrètes).

Ces observations ne sauraient être regardées comme un subterfuge par tout homme de bonne foi qui aura lu ma lettre à M. Portalis et ma seconde pétition.

Je ne puis ni ne dois nommer ces personnes ; je ne dois pas non plus nommer les principaux coupables dans l'affaire des circulaires, lesquels sont les auteurs de la note secrète ; j'en ai donné les raisons dans ma lettre à M. Portalis et dans ma seconde pétition. Persévérer, comme le fait le ministère, dans le système qu'il a embrassé, c'est réellement détruire chaque jour les moyens de prouver les complots que j'ai dénoncés ; c'est frapper de terreur des citoyens honnêtes lorsque le ministère a le moyen de les rassurer promptement ; affecter de ne pas me comprendre, c'est inspirer une nouvelle sécurité aux conspirateurs.

Relativement au conciliabule du 7 au 8 janvier, je n'objecterai pas que j'en ai été instruit par une des personnes qui m'ont fait connaître les circulaires ; je me bornerai à dire qu'il est de notoriété publique à Nîmes, ou, si l'on veut se servir d'une autre expression, qu'on y a toujours été généralement persuadé que la garde nationale de Nîmes, quoique légalement dis-

soute; existait en réalité , et par l'espérance toujours entretenue d'une prochaine réorganisation
et par les soins qu'on assure avoir toujours été
mis à tenir les contrôles au complet. Et il faut
bien que les ministres, aujourd'hui si incrédules,
n'aient pas toujours été si scandalisés de cette
accusation , puisque le ministre de la guerre ,
averti par plusieurs de mes amis de ce conciliabule et de ces délibérations, entre autres du
plan d'attaques et de calomnies contre l'ancienne
garnison, avait très-favorablement accueilli et
mes avertissemens et mes demandes. Le silence
qu'a gardé le ministre de la guerre sur cette
partie de ma pétition prouve la vérité de ce que
j'ai avancé.

Relativement au armes dont j'ai dit que l'ancienne garde nationale était bien fournie, je ne
nie pas qu'elle n'ait été effectivement désarmée ,
et qu'il n'ait été porté dans les arsenaux un nombre de fusils égal à celui des hommes portés sur
les contrôles; mais je crois avec tous les citoyens
de bonne foi que les désarmemens opérés en
1815 dans les Cévennes par trente-quatre com-
missaires extraordinaires , dont la rigueur obli-
gea souvent des malheureux cultivateurs à se
procurer à grands frais des fusils , pour obéir à

l'ordre qui leur était donné de livrer leurs armes tandis que souvent ils n'en avaient pas ; je crois, dis-je, que ce désarmement a donné à la garde nationale de Nîmes la facilité d'avoir plusieurs fusils pour chaque soldat. Si l'on exige de moi des preuves légales, je ne répondrai pas que ce sont des faits sur lesquels un gouvernement ferme connaît la vérité quand il le veut sans compromettre la sûreté d'un citoyen honnête ; mais je me bornerai à en appeler à la notoriété publique et à la conscience de tous les gens de bien.

Je fais la même réponse par anticipation à toutes les interpellations qui pourront m'être faites un jour relativement aux autres faits contenus dans ma pétition; car je ne doute pas que lorsque la terreur qu'inspire la faction sera parvenue à son comble, on n'exige aussi de moi les preuves légales des écarts de Trestaillons.

A toutes les questions de ce genre, en quelque temps qu'elles puissent m'être faites, j'opposerai pour unique réponse celle que j'ai faite à M. Portalis, page 22 de ma lettre (1).

___

(1) Voici ce passage.......
« Je n'emploîrai pas le peu de repos que me laisse
» une maladie cruelle à vous donner, monsieur le Comte,

Lecture faite, le dénommé ci-dessus a persisté, etc. etc.

Signés, GILLAIZEAU, MADIER DE MONTJAU, FALQUIÈRE, *greffier*.

» comme vous m'y invitez, les preuves ou commencemens
» de preuves de l'impunité accordée aux crimes qui selon
» moi, dites-vous, n'ont pas été poursuivis ; je me bor-
» nerai à dire que ce n'est pas selon moi, mais selon toute
» la France, que les crimes sont restés impunis et impour-
» suivis ; qu'il en existe dans la mémoire et dans la cons-
» cience de tous les hommes honnêtes, non pas des com-
» mencemens de preuves, mais des preuves aussi évidentes
» que la lumière. Voilà, monsieur le comte, absolument
» tout ce que jai à vous dire relativement à cette impunité,
» dont ma pétition a révélé le scandale de votre âme
» étonnée. »

(Lettre à M. Portalis, du 12 mai 1820.)

OBSERVATIONS.

—

La lecture de mon interrogatoire servira à apprécier la bonne foi de certains journaux dans le compte qu'ils en ont rendu. On verra que dans cette interrogatoire je me suis montré tel que je m'étais présenté dans mes pétitions ; j'ai répété devant le juge instructeur, quoiqu'en d'autres termes, ce que j'avais dit dans ma seconde pétition aux pages 29, 30, 32, 41, dont voici les principaux traits.

« Je ne dois pas faire partager les dangers qui
» me menacent aux citoyens qui m'ont révélé
» les circulaires 34 et 35, jusqu'à ce que les mi-
» nistres aient prouvé par des poursuites vigou-
» reuses contre la conspiration de la note se-
» crète, que ses auteurs ne sont plus les véritables
» possesseurs du pouvoir.

» J'ai des preuves, mais ces preuves ne dépen-
» dent pas de moi seul, elles dépendent aussi de

12

» ceux qui me les ont fournies et qui veulent en-
» core moins que moi les produire, si les minis-
» tres ne produisent pas les leurs au sujet des notes
» secrètes, et ne portent pas un coup décisif à
» la faction.

» Après avoir épouvanté la France en lui ré-
» vélant une grande conspiration, les ministres
« ont-ils jamais eu le droit de créer de leur
» propre autorité une véritable amnistie pour
» les conspirateurs? Ont-ils le droit, en con-
» tinuant de ménager des coupables si puis-
» sans, de m'enlever tous les moyens de sortir
» victorieux de cette guerre que j'ai entreprise
» contre les plus dangereux ennemis du trône
» et de la liberté?

» J'ai offert de les accuser pour leurs com-
» plots de 1820, quand ils auront été poursuivis
» pour leurs complots de 1818. Les ministres
» n'ont pas voulu me comprendre; mais je
» m'adresse à la conscience de tous les citoyens
» amis de leur pays ».

Et c'est après de pareilles interpellations que
les ministres font dire de moi par le premier
organe du ministère public (Voy. le réquisitoire
de M. le Procureur général près la cour de cassa-

tion) « *M. Madier Montjau met à sa révélation*
» *des conditions absurdes qui blessent ce qu'il*
» *doit à son caractère, à la justice et au Roi.* »

En quoi la justice et le Roi seraient-ils blessés
par des poursuites contre les conspirateurs de
la note secrète?....

Plus loin les ministres ajoutent « *que j'ai*
» *embrassé un système qui excite la sollicitude*
» *et fatigue inutilement l'attention en la por-*
» *tant sans cesse de l'inconnu à l'inconnu.* »

Ainsi les ministres veulent persuader que la
note secrète, dénoncée par eux-mêmes, et le
gouvernement occulte auquel ils croyaient si fer-
mement le 23 mars 1819, sont des choses in-
connues !...

Mes rapports à M. le garde-des-sceaux sur
les assises du Gard et de Vaucluse m'autoriseraient peut-être à des réflexions de plus d'une
espèce, néanmoins je n'en ferai pas même sur
ce qu'aucun changement n'a été opéré dans le
département de Vaucluse, ni avant ni depuis le
commencement des procédures contre les assassins du maréchal Brune. Les ministres me

répondraient qu'ils savent ce qui est vraiment avantageux au département de Vaucluse; et quels sont les meilleurs moyens d'atteindre ceux qui ont *suicidé le maréchal*; enfin, que je dois attendre, dans un silence respectueux, qu'il plaise aux ministres de voir de nouveau le danger où ils le voyaient le 23 mars 1819.

Je me bornerai donc à dire, quant à mes rapports, qu'ils sont la preuve de la confiance absolue que m'avait inspiré la doctrine du 23 mars; que j'avais parlé avec une complète franchise; et que le ministère ayant laissé sans réponse de pareils rapports, il est étrange de le voir se plaindre amèrement que plus tard j'aie *recouru au circuit d'une pétition.* Malgré le silence des ministres sur mes rapports, je me suis obstiné jusqu'à la séance du 25 avril à ne les accuser que de faiblesse; mais lors même que je n'aurais pas eu de puissans motifs particuliers de me défier de leur fermeté, d'autres raisons justifiaient le *circuit* d'une pétition.

Qu'il me soit permis d'emprunter ici les expressions d'un de nos écrivains les plus distingués par ses principes et par l'élévation de son esprit.

« Comment a-t-on pu adresser des reproches

» à l'auteur des révélations et avoir tenté d'assi-
» gner pour bornes à sa juridiction un dépôt de
» son secret dans l'oreille de ses supérieurs ;
» *mais des supérieurs judiciaires ne sont pas*
» *des supérieurs politiques.* Il ne s'agit pas ici
» d'un acte de palais mais d'un grand intérêt
» public. Le supérieur naturel dans cette ma-
» tière, c'est la chambre des députés; à des
» manœuvres secrètes que peut-on opposer de
» mieux que la publicité? c'est le vrai contre-
» poison de cette espèce de mal. Tout est donc
» en règle de la part du magistrat, parce que
» tout est pris dans la nature même des choses ;
» en pareil cas, c'est l'oreille du public qui est
» le meilleur dépositaire. Les manœuvres se-
» crètes sont des moyens d'anarchie, et il est
» choquant de les voir employer par ceux-là
» mêmes qui remplissent la France et l'Europe
» de cris contre l'anarchie; mais il est plus
» commode d'élever un tribunal que de se sou-
» mettre à cette règle ».

(De Pradt , sur la Loi des Élections , p. 248.)

———

Ces vérités et le développement qu'elles rece-

vront devant la cour de cassation apprendront à
cet auguste tribunal si j'ai manqué de courage
ou si mes persécuteurs ont manqué de bonne
foi.

Heureusement la cour de cassation ne change
point chaque année de conduite et de doctrine ;
heureusement elle rend à tous une justice égale,
car elle n'a point pris, comme certains person-
nages, l'engagement solennel de la partialité.

Nota. M. de Kératry, dans son dernier ouvrage, a cité
quelques preuves de l'impartialité de la censure : on ne
saurait trop multiplier ces exemples. C'est ce qui me détermine à publier la lettre de MM. de Bernis et Calvières,
et ma réponse que la censure a mutilée.

A M. LE RÉDACTEUR

de *la Quotidienne*.

Nimes, le 16 août 1820.

Monsieur,

Parmi les absurdités et les mensonges qui composent les pétitions de M. Madier-Montjau, ce magistrat s'est permis, dans celle en date du 15 mai dernier, d'imputer au commissaire extraordinaire du Roi, dans le département du Gard (en 1815), et au préfet provisoire de ce même département, à la même époque, d'avoir refusé obéissance aux ordres du Roi.

Trop au-dessus de pareilles imputations, nous aurions continué de plaindre et de mépriser la démence du pétitionnaire, si l'action intentée contre lui, à la cour de cassation et les débats qui en résulteront ne devaient tirer de l'oubli et occuper encore le public des scandales de M. Madier.

Cette circonstance nous oblige de lui donner le démenti le plus formel sur ce qu'il dit nous concernant, page 39 et 40 de la deuxième pétition.

Nous avons adressé requête à S. Exc. le garde-des-sceaux, pour le supplier de faire examiner les faits qui nous concernent, et nous y avons joint les preuves de l'imposture avancée par M. Madier. Nous vous prions, Monsieur, de faire insérer cette lettre dans votre prochain numéro.

Nous avons l'honneur etc.

Signé Le comte R. DE BERNIS, *Commissaire extraordinaire du Roi dans le département du Gard en* 1815.

Le baron J. DE CALVIÈRE, *ex-préfet provisoire du Gard en* 1815.

Voilà ce que la censure a laissé imprimer

contre un magistrat; voici la réponse qu'elle a tronquée.

A M. le rédacteur du Moniteur.

Pierrelath, 20 septembre 1820.

Monsieur ,

Après un silence de quatre mois, MM. de Bernis et Calvière, vaincus par les sollicitations de leurs amis, se décident enfin à s'apercevoir que j'ai retracé dans ma pétition une partie des bienfaits de leur mémorable administration, et dans une lettre publiée le 31 août par le *Moniteur* et la *Quotidienne*, ils m'accusent de démence et d'imposture.

MM. de Bernis et de Calvière, sans rien préciser, sans rien réfuter, me donnent un démenti qui ne prouve que leur tardive colère. Je me bornerai donc à répondre que je persiste dans tout ce que j'ai avancé, et que les

Entre les deux alinéa admis par la censure, se trouvait l'alinéa suivant dont elle ordonna la suppression.

Je conçois aisément que l'abnégation de soi-même, le dévouement le plus désintéressé pour le Roi, la patrie, la justice, doivent paraître une folie à ceux qui n'ont pas été effrayés de tous les maux que leur ambition allait accumuler sur leur pays : mais l'autre accusation me surprend : si j'avais déchaîné ou fomenté les passions de la populace pour les faire servir à mon intérêt particulier; si, investi d'un immense pouvoir, j'a-

13

démentis les plus audacieux ne pourront faire oublier à mes concitoyens les faits dont ils ont eu la douleur d'être les témoins.

Agréez, etc.,

MADIER DE MONTJAU.

vais contemplé froidement d'épouvantables excès, sans rien faire pour en arrêter le cours, je serais obligé de recourir au mensonge ; mais grâce au ciel aucun de ces crimes n'a déshonoré ma vie , et je ne redoute pas la vérité.

ENCORE UNE PREUVE

de l'impartialité de la Censure en ce qui me concerne.

Deux journaux présentent à la censure un article ainsi conçu : M. Madier de Montjau est arrivé à Paris, il va publier incessamment des pièces et éclaircissemens relatifs à son procès, la censure permet seulement d'imprimer : M. *Madier de Montjau est arrivé à Paris.*

Le lendemain de mon arrivée à Paris j'apprends par le *Moniteur* que mon affaire est renvoyée au 28; je cours chez MM. le premier président et le procureur général de la cour pour leur témoigner combien je suis contrarié par ce renvoi; j'exprime respectueusement le regret de n'avoir pas reçu le moindre avis, parce qu'il serait entré dans mes arrangemens de continuer à la campagne le régime qui m'a été prescrit par les médecins. Je manifestais d'autant plus de chagrin de ne pouvoir pas me défendre sur le champ, que par un rare bonheur j'étais en ce moment beaucoup moins incom-

modé que de coutume par ma maladie. MM. le
premier président et le procureur général me
répondirent que plusieurs conseillers, exerçant
alors leurs droits d'électeurs, on avait du renvoyer au 28.

Eh bien, c'est au sujet de ce renvoi, ordonné
par les ministres, que les censeurs ont permis
aux journalistes de me couvrir d'injures !...

Voici des extraits qui donneront une idée des
diffamations qu'on encourage :

Extrait de la Gazette de France,
du 1ᵉʳ novembre 1820.

.... Quant à la morale, ils (les libéraux) l'ont
apprise de don Bazile; calomniez toujours, il
en restera quelque chose; voilà toute la science
de ces messieurs; voilà tout le talent des rédac-
teurs de *la Minerve* et du *Constitutionnel*, des
auteurs des mille et un pamphlets modernes,
des gros bonnets de l'ordre, des brochuriers à
la suite, du petit livre à quinze sous, et de la
grosse pétition Montjau. Appelez ces accusa-
teurs payans et ces écrivains payés devant la
la justice; invitez-les à soumettre à son tribunal

les preuves de leurs dires; ils ne paraîtront pas, ils deviendront muets.

Extrait du Journal des Débats, *du* 1er *novembre* 1820.

..... Rebelle à tous ses devoirs, M. Madier, depuis huit mois, a refusé de répondre; enfin, on est obligé de le traduire devant la cour suprême, et lorsqu'on croit toucher au moment où une autorité irréfragable va le forcer d'expliquer et sa dénonciation et son refus opiniâtre de la motiver, on apprend que l'affaire est reculée d'un mois, et l'on sait que ce retard n'est point l'ouvrage du ministère public.

Deux jours avant, le lundi 31 octobre, la *Gazette de France*, rendant compte du procès de Gravier, s'exprimait ainsi :

« L'avocat général a rappelé enfin qu'à la
» même époque (l'assassinat du duc de Berri)
» parut cette trop célèbre pétition qui, *sous*
» *prétexte* de dévoiler un prétendu gouverne-
» ment occulte, n'*avait d'autre but que d'atta-*
» *quer* l'héritier présomptif du trône sans respect
» pour la juste douleur d'un père. »

Le *Journal des Débats* employait les mêmes expressions.

Quotidienne du 31 octobre :

« M. l'avocat général trouve à la même épo-
» que des misérables applaudissant au crime de
» Louvel : un homme revêtu d'un caractère ho-
» norable insultant, dans une pétition , *sous le*
» *prétexte absurde* d'un gouvernement occulte,
» à la douleur d'un malheureux père.

Ainsi , voilà un membre du ministère public rivalisant de zèle contre moi avec les follicu-laires les plus méprisés ! ! !...

OBSERVATIONS GÉNÉRALES.

———

Je laisse aux hommes qui respectent l'honnêteté publique et la justice le soin de qualifier la
conduite de cet avocat général.

Mes juges apprécieront toutes ces horribles
insinuations. Etaient-elles permises contre un
accusé qui attend son arrêt? étaient-elles permises contre le magistrat qui n'a pas craint de
s'opposer aux factieux et de les signaler dans
les rapports les discours et la correspondance
qu'on vient de lire?

Ces rapports et les circonstances qui en ont
accompagné la réception prouvent que l'administration de la justice criminelle est presque
impossible dans une partie de la France ; que le
ministère a été bien instruit par moi de l'étendue
de cette calamité ; et que, malgré les témoignages de confiance et d'*approbation* qui m'ont
été donnés, après mes rapports, par les ministres, j'ai dû être convaincu qu'ils manquaient ou

de la fermeté ou de la puissance nécessaires pour
attaquer le mal dans sa source.

Démasquer des factieux redoutables était à
mes yeux l'entreprise la plus utile au Roi : la dé-
couverte des circulaires 34 et 35 m'offrait un
moyen de les désarmer : je m'en saisis ; mais
certes je ne devais m'adresser ni aux tribunaux
ni aux ministres. N'avait-on pas solennellement
avoué, le 23 mars, qu'à Nîmes, à Pau, à
Riom, à Toulouse, à Alby, tous les efforts du
gouvernement et de la justice avaient été impuissans contre les obscurs instrumens des
crimes de la faction ; aurait-on obtenu plus de
succès contre ses chefs? Il fallait donc avertir les
Chambres et la France ; il fallait tirer les ministres de leur léthargie, et les forcer à se déclarer
énergiquement contre les coupables. L'ont-ils
fait?.... Voilà les précautions qu'exigeait l'intérêt du pays, et ce furent aussi les *conditions*
que m'imposèrent les révélateurs de ce vaste
complot.

S'ils n'avaient pas été certains de trouver en
moi une fidélité et une discrétion à l'épreuve de
toutes les persécutions, ils ne m'auraient rien
découvert. Quel reproche aurait-on droit de faire
à un prêtre qui, ayant été instruit d'une conspi-

ration, se contenterait d'avertir le gouvernement
de la conspiration même, et qui du reste refuse-
rait de nommer ceux qui ne lui auraient fait ces
révélations que sous le sceau du secret, qu'ils sa-
vaient être de l'essence de son ministère ?

Je savais, j'étais certain que ma pétition pro-
duirait un grand bien dans le Gard; et en effet
ce n'est que depuis cette époque que M. le
comte Siméon peut dire *avec vérité* que la tranquillité n'y est troublée par aucun excès : Trestaillons lui-même s'est soumis à l'ordre d'attendre une époque plus favorable; il n'a pas osé
réorganiser sa compagnie, reprendre son uni-
forme et ses armes; il n'épouvante encore que
par sa présence; ma pétition a comprimé son
audace, et plusieurs fois ses yeux se sont baissés
devant moi.

Ils trembleraient comme lui les auteurs des
circulaires si les ministres l'avaient voulu!

Je considérais le discours du 23 mars comme
une belle action et comme un grand événement;
j'y rattachais mes plus chères espérances; je
pensais que le ministre, qui avait lu avec satis-
faction mes rapports, qui m'avait comblé de
preuves de confiance, qui avait foudroyé à la
tribune les mêmes factieux que j'ai attaqués dans

ma pétition, verrait avec joie mon entreprise.

Seul, sans appui, j'ai plusieurs fois empêché de grands désastres, et rendu d'importans services au Roi; seul, sans appui, j'ai plusieurs fois mis un frein à la fureur *des implacables* et de leurs sicaires : quels résultats ne pouvais-je pas obtenir avec le secours du ministre qui avait montré tant d'horreur pour les hommes dont la France n'attend *qu'oppression, que honte, que calamités!!!*

J'ai surpris, j'ai hautement annoncé les complots de ces hommes; s'ils sont plus altérés de vengeance, s'ils sont plus audacieux que jamais, la faute n'en est point à moi, qui ai offert les moyens de les réduire à une salutaire impuissance ; elle est à ceux qui osent traiter de chimère l'existence du pouvoir occulte. Quel est l'homme de bonne foi qui pourra nier que les conditions qui me furent imposées étaient avouées par l'honneur, par l'intérêt de la patrie et par l'intérêt du Roi ?

IMPRIMERIE DE P. DUPONT.

www.ingramcontent.com/pod-product-compliance
Lightning Source LLC
Chambersburg PA
CBHW071502200326
41519CB00019B/5847